Heinz Zimmermann (Hrsg.)

REINKARNATION UND KARMA IN DER ERZIEHUNG

Beiträge von:

Stefan Leber
Ernst-Michael Kranich
Pirkko Helakangas
Robert Thomas
Anne Tandree
Martyn Rawson
Joan Almon
Christof J. Wiechert
Heinz Zimmermann

VERLAG AM GOETHEANUM

Bearbeitete Vortragsnachschriften der Welt-Lehrertagung 1996 am Goetheanum
«Die Erziehungskunst im Lichte von Reinkarnation und Karma»

Herausgegeben von der Pädagogischen Sektion der Freien Hochschule für Geisteswissenschaft am Goetheanum, Dornach

Einbandgestaltung von Gabriela de Carvalho

Satz: Heiko Hanekop
Druck und Bindung: Freiburger Graphische Betriebe

ISBN 3-7235-0997-5

Inhalt

Inhalt

Geleitwort

Die vorliegenden Ausführungen sind ursprünglich in der Osterzeit 1996 anläßlich einer Tagung für Waldorflehrer aus aller Welt am Goetheanum mündlich vorgetragen und für diese Publikation überarbeitet worden. Trotzdem wurde der mündliche Stil teilweise beibehalten. Das Thema dieser Tagung lautete «Erziehungskunst im Lichte von Reinkarnation und Karma».

Die Reihenfolge der einzelnen Beiträge entspricht dem tatsächlichen Tagungsverlauf, und so können sie für die damals Anwesenden eine mögliche Vertiefung der behandelten Thematik bieten. Allen übrigen Lesern geben sie einige grundlegende Aspekte, wie die Ideen von Wiederverkörperung und Schicksal praktische Bedeutung für die Erziehungsaufgaben bekommen können; dies nicht nur im unmittelbaren Erziehungsprozeß, sondern auch in der Zusammenarbeit der an der Erziehung Tätigen und im Blick auf die Bedeutung der Waldorfpädagogik in der gegenwärtigen Zeitsituation.

Gemäß dem internen Charakter der Tagung setzt die vorliegende Publikation ein Grundverständnis der Anthroposophie voraus.

Heinz Zimmermann

Stefan Leber

Reinkarnation und Karma – Grundlage allen wahrhaften Erziehens

Einleitung

Im vergangenen Jahr ist von Helmut Zander ein Buch über Reinkarnation und Christentum erschienen.[1] Es handelt sich dabei um die Doktorarbeit eines Wissenschaftlers, der sich jahrelang mit der Frage der Reinkarnation beschäftigt hat und der für ihn merkwürdigen Erscheinung nachging, daß sich innerhalb dieses Jahrhunderts ein Wandel in bezug auf diesen Gedanken vollzog: Wie kam es dazu, daß in Mitteleuropa, wo zunächst nur einige wenige «Exoten» die Idee von Reinkarnation und Karma im Bewußtsein hatten, heute dieser Gedanke bei etwa sechzig bis siebzig Prozent der Bevölkerung mehr oder weniger angekommen ist? Wie selbstverständlich hat er sich eingelebt und wurde zu einem Kulturtatbestand. Eine sehr große Gruppe ist davon überzeugt, daß dieser Gedanke richtig sei. Der Autor fragt nun: «Was hat diesen Umschwung innerhalb eines Jahrhunderts bewirkt?» Das schreibt er Rudolf Steiner mit seinem – wie er das nennt – «Reinkarnationsmodell» zu.

Die Arbeit wurde als Dissertation von der Bonner Theologischen Fakultät angenommen. Der Mann war jahrelang freigestellt gewesen und hat ein immenses Material zum Thema zusammengetragen, nicht nur Hunderte von Steiner-Zitaten, sondern auch Untersuchungen über die Einstellung zur Reinkarnation in verschiedenen Ländern und so weiter. Trotzdem hat er in bezug auf Steiner nicht ganz begriffen, worum es geht.

---

[1] Helmut Zander, *Reinkarnation und Christentum. Rudolf Steiners Theorie der Wiederverkörperung im Dialog mit der Theologie*, Paderborn u.a. 1995.

Das hängt wohl damit zusammen, daß er den ganzen Vorgang auf dem Hintergrund des katholischen Glaubens, der ihm als Folie dient, beurteilt. Immerhin mißt er der Anthroposophie eine so umwälzende Bedeutung bei, daß sie das öffentliche Bewußtsein wenigstens auf diesem Gebiet verändert hat.

Man muß sich klarmachen, was das bedeutet, wo doch heute täglich Tausende von Gedanken und Informationen über Radio, Fernsehen, Film und so weiter an die Bewußtseine herandringen. Denn weder durch das Radio noch durch das Fernsehen wurde dieser Änderungsprozeß eingeleitet, auch nicht durch die Tagespresse. Er kam eher auf leisen Sohlen und war dennoch ein wirklich radikaler, an die Wurzeln gehender Wandel – und das in Mitteleuropa, wo dieser Gedanke keineswegs entstanden ist. Ursprünglich stammt er aus dem Osten; in Indien ist er seit Urzeiten bis heute lebendig geblieben. Kurz: Diese Wandlung kann man nicht umwälzend genug einschätzen.

Die Schwelle des Todes

Rudolf Steiner hat unstrittig zur Verankerung des Reinkarnationsgedankens in der abendländischen Welt beigetragen, freilich mit ganz eigenen Begründungen. Wenn wir uns vergegenwärtigen, daß das menschliche Leben in einer Leiblichkeit sich dadurch auszeichnet, daß wir fortdauernd über die Sinne Kunde von der Welt bekommen, dann gibt es Zustände, wo dieser Zufluß an Sinneseindrücken von der Welt nicht vorhanden sein kann, und zwar dann, wenn der menschliche Leib nicht da ist: in und nach dem Tode. Aber auch schon im Schlaf, dem kleinen Bruder des Todes, schweigen die Sinne. Nur im Erdenleib ist eine sinnengebundene Hinwendung zur Welt und damit eine Bewußtseinsprägung durch die Sinne möglich. Daran schließt sich die Frage: Wenn der Mensch stirbt, also die Schwelle überschreitet, die unser Leben kennzeichnet – was liegt dann vor der Geburt und was nach dem Tode?

Das zu erfahren, hat der Mensch, so wie er heute konstituiert ist, prinzipiell zunächst keine Anlage. Das ganze Mittelalter hindurch, bis die Zeit des Materialismus heraufkam, herrschte die Lehre: Hier besteht eine unübersteigbare Grenze; dahinter beginnt eine andere Welt, die nur als

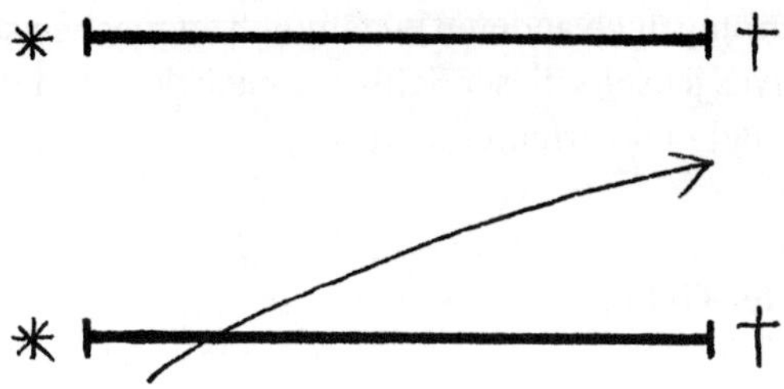

Welt des Glaubens erfahrbar wird. Zu dieser Anschauung führte eine jahrtausendelange Erziehung.

Rudolf Steiner machte allerdings schon als Kind die eigentümliche Erfahrung, daß diese Grenze nicht fixiert, sondern durchlässig ist. Im Wartesaal der Bahnstation, wo sein Vater arbeitete, erlebte er geistig mit, wie eine Verwandte an einem weit entfernten Ort starb. Er sah sie zur Tür hereinkommen und sich auf ihn zu bewegen, indem sie ihn mit Gebärden und Worten bat, jetzt und später so viel wie möglich für sie zu tun. Der Knabe wurde durch dieses Erlebnis tief beeindruckt, konnte aber mit niemandem in der Familie darüber sprechen, da er «die herbsten Worte über seinen dummen Aberglauben hätte hören müssen, wenn er von diesem Ereignis Mitteilung gemacht hätte». Wenige Tage später kam dann die Nachricht, daß in dem Augenblick, als der kleine Rudolf Steiner seine Schau hatte, sich diese Tante das Leben genommen hatte.[2]

Dieses Erlebnis fällt in die Mitte der Kindheit, etwa zwischen dem 9. und 12. Lebensjahr. Rudolf Steiner beschreibt damit die erste Erfahrung, durch die ihm die übersinnliche Welt, die Welt jenseits der Schwelle nahegekommen ist. Diese Welt kann erfahren werden. Im «Lebensgang» drückt er das so aus, daß er «Menschenseelen nahetreten durfte in dem Weltgebiet, in dem sie waren, nachdem sie durch die Pforte des Todes gegangen waren»[3]. Sein ganzes Werk durchzieht diese Erfahrung. Es kann nicht verwundern, daß er gewissermaßen für das normale Bewußt-

---

[2] Rudolf Steiner, *Autobiographischer Vortrag über die Kindheit und Jugendjahre bis zur Weimarer Zeit,* 4. Februar 1913, in: Beiträge zur Rudolf Steiner Gesamtausgabe, Nr. 83/84, Dornach 1984.

[3] Rudolf Steiner, *Mein Lebensgang,* GA 28, Dornach [8]1982, Kapitel XX; S. 287.

sein diese Erfahrung auch anderen zugänglich zu machen sucht. Vielfältig teilt er mit, was jenseits dieser Schwelle nach dem Tode von dem Verstorbenen durchlebt und erfahren wird.

Die Schwelle der Geburt

Freilich stellt sich damit nicht weniger drängend die nächste Frage: Wie sieht es mit der anderen Schwelle aus, der Schwelle der Geburt?

Auch hierfür finden wir im Leben Rudolf Steiners eine eigene Erfahrung, die sich freilich ein gutes Jahrzehnt später einstellte.

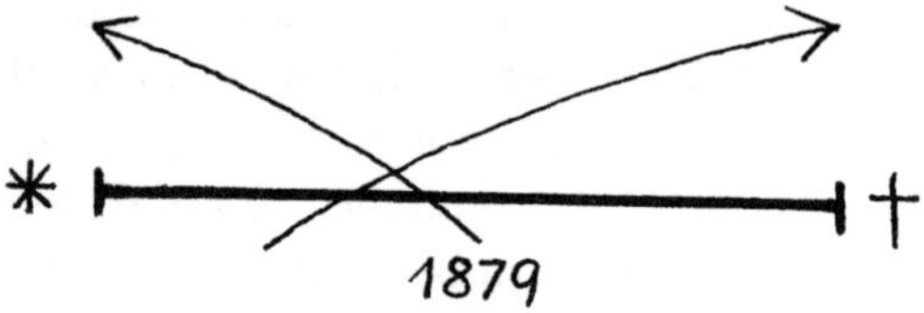

Im Jahre 1879 begann Rudolf Steiner mit dem Studium an der Technischen Hochschule in Wien. Bald verließ er aber deren Hörsäle zuweilen, um an der einige hundert Meter entfernten Universität einzelne Vorlesungen zu hören, denn dort wurde etwas gelehrt, was an seiner Technischen Hochschule keine Heimstatt hatte, nämlich das Fach Philosophie, also die «Liebe zur Weisheit».

Unter den Professoren, die er hörte, zeichnete sich einer durch eine besondere Eigentümlichkeit aus. Rückblickend erkannte Steiner, wie bedeutsam dieser Philosoph durch die geistigen Impulse der seelischen Beobachtung, die er nach naturwissenschaftlicher Methode anzugehen versuchte, für seine eigene Entwicklung war, und er würdigte seine Leistungen verschiedentlich, am ausführlichsten in seinem Buch «Von Seelenrätseln»[4].

In einem Aufsatz vom 2. September 1923 sowie in «Mein Lebensgang» schildert Steiner die äußere Erscheinung dieses Mannes: Wenn er Vorlesungen hielt, pflegte er ein Blatt in die Hand zu nehmen. Für Steiner bestand das Faszinosum in der Art, wie er das Blatt hielt – eigentlich

[4] GA 21; Dornach [5]1983, siehe insbesondere 3. Kapitel.

eine banale Sache. Aber dieser bedeutende Denker und Philosoph hielt das Blatt so, daß man jeden Moment befürchtete, es entgleite seinen Fingern; das heißt, er griff nicht eigentlich zu, faßte es im Grunde gar nicht an, sondern berührte es nur. Von den Händen schaute Steiner dann auf den Blick: Wie richtete sich dieser auf das Papier? Der Blick hatte dieselbe Eigenschaft wie der Griff der Hand, er schweifte gleichsam nur über das Blatt, aber so, daß dabei nie erkennbar war, ob er auch wirklich etwas darauf las. Es war auch im Blick diese merkwürdige, wenig zupackende Art erkennbar.[5]

Was lag denn vor, daß dieser große Denker eine so merkwürdig kontemplative Art des Zugriffs hatte, daß er gar nicht nach außen blickte, sondern gleichsam den Blick nach innen richtete und dort die Gedankenbewegung anschaute? Rudolf Steiner kam zum Schluß, dieser Mensch müsse unendliche Einsamkeiten durchlebt haben. Er müsse völlig nach innen gekehrt sein, verfüge dabei über eine bestechende Logik.

Die geschilderte Persönlichkeit ist Franz Brentano. Er war in der Philosophie der Begründer der empirischen Psychologie[6]. Dabei handelt es sich nicht um eine empirische Psychologie, bei der in äußerlichen Untersuchungen Antworten verschiedener Personen zu bestimmten Fragen gesammelt, geordnet und ausgewertet werden. Brentano richtet seinen Blick nach innen und untersucht, was denn in der Seele das allererste Bemerkliche sei. Dabei stellt sich heraus: Wenn ich das erste Bemerkliche untersuche, dann kann ich das nicht unmittelbar gewahren, denn dieses Bemerkliche wird in meiner Seele, solange sie voll in Regsamkeit ist, nicht bewußt. Deshalb muß ich, gleichsam in der Erinnerung nachschaffend, diesen Beobachtungsgegenstand erst wieder hervorholen, und erst dann kann ich ihn erfassen: Es ist die *Empfindung*.

Franz Brentano war tief vom Katholizismus durchseelt, ursprünglich selbst Priester, und wurde dann, als er heiratete, des Amtes enthoben. An dieser Gestalt – er lebte später in Zürich und ist dort 1916 verstorben –

---

5 Siehe «Philosophenhände», 2. September 1923, in: Rudolf Steiner, *Der Goetheanumgedanke inmitten der Kulturkrisis der Gegenwart*, GA 36, Dornach 1961, S. 166–168, sowie: Rudolf Steiner, *Mein Lebensgang*, GA 28, Dornach [8]1982, Kap. III, S. 58f.

6 Siehe Franz Brentano, *Psychologie vom empirischen Standpunkt*, Leipzig 1924.

taucht für Rudolf Steiner zum ersten Mal die Frage auf: Wo kommt diese Eigentümlichkeit her, diese Art des Blatt-Anfassens, des Blickes beim Vortragen, dieser merkwürdige Blick, der nicht zugreift, kontemplativ nach innen gekehrt bleibt? Das läßt sich gar nicht erfassen, wenn wir nur in dieses eine Leben zurückgehen. Zwar war Franz Brentano Priester, aber das reicht zur Erklärung des Phänomens nicht aus, denn keineswegs halten alle Priester die Blätter so. Da müssen tiefere Gründe vorliegen. Ist die Ursache in einer Zeit zu finden, die vor der Geburt liegt? So wendet sich der Blick Rudolf Steiners zurück zur anderen Schwelle: Gibt es da eine ins Leben hereinragende, sinnstiftende Vergangenheit? Wie sieht sie aus? Was ist darüber zu denken?

Der Karmagedanke

Lessings Reinkarnationsgedanke

Damit hob eine Fragestellung an, die sich in der Seele Rudolf Steiners allmählich ausbreitete: Wie sind denn diese an Erscheinungen gewonnenen Erfahrungen verständlich oder verstehbar zu machen und für das gegenwärtige Bewußtsein zu begründen?

Steiner geht von der Persönlichkeit aus, die Bahnbrecher auf diesem Gebiet ist, von Gotthold Ephraim Lessing. Er zitiert ihn auch immer wieder. Denn es war Lessing, der als erster dem abendländischen Denken mit der Rationalität der Aufklärung verständlich gemacht hat, warum es Reinkarnation geben muß, obwohl dieser Gedanke der christlich-abendländischen Tradition zunächst völlig fernlag.

Ich möchte aus dem Werk Lessings, in dem er diese Begründung darlegt, aus der «Erziehung des Menschengeschlechts», nur einen Gedanken herausgreifen. Lessing war von der Idee seiner Zeit durchdrungen, daß es *Entwicklung* gibt. Nach seiner Auffassung beruht die Geschichte also keineswegs auf Kreisläufen, wie das östliche Denken zunächst nahelegt, oder schlicht auf dem einen Schöpfungsakt Gottes am Anfang. Vielmehr erweist alle Beobachtung, daß es Entwicklung geben muß. Und Entwicklung kennt ein Vorwärtsschreiten, kennt auch Abbrüche, Umbrüche, aber insgesamt gibt es ein Ziel, auf das hin sich etwas entwickelt.

Und Lessing nimmt an, daß, um Entwicklung zu intendieren, die geistige Welt – bei ihm «Gott» genannt – der Menschheit immer wieder Erziehungsimpulse gibt. Diese Erziehungsimpulse für die Menschheit sind die Religionen. (Wir haben zum Beispiel gegenwärtig einen gewaltigen Erziehungsprozeß der Menschheit. Seit 1989 ist der Sozialismus, wie er vorher in vielen Staaten herrschte, zusammengebrochen, und jetzt strömt die westliche Religion in diese Gebiete hinein. Worin besteht aber die westliche Religion? Da wird gleichsam religiös und mit Inbrunst ein Geschäft betrieben: der «Wohlstand». Und diese Religion lautet: «Laß dein Geld für dich arbeiten!» Religion ist der Glaubensinhalt, die Orientierung des Menschen, wonach er sich ausrichtet, und im Moment ist dieses System gewissermaßen weltumgreifend: Es orientiert alles am Geld, macht alles an der Wohlfahrt fest, während andere Werte erst an fernerer Stelle kommen.)

Lessing betrachtet das gesellschaftliche Wertsystem, die Religion, und stellt fest, daß sich eine große Entwicklung vollzogen hat. Ein erster Schritt nach dem Polytheismus besteht darin, daß sich die Religion auf *ein* Wesen hin zentriert, und dieses Wesen – der Vater – gibt Anweisung, was zu sein hat. Er tritt in Erscheinung als furchtbarer, als rächender Gott, der Gehorsam heischt. Wer sich ihm widersetzt, wird bestraft. Das Alte Testament ist erfüllt vom Bestreben, die Menschen vom Gedanken und der Wirklichkeit des einen Gottes zu überzeugen und sie zum Gehorsam aufzufordern. Dies wird in zahlreichen Geschichten dargestellt, etwa wenn ein Prophet verkündet: Wenn ihr nicht euren Sinn ändert, dann werden Krankheiten und Katastrophen kommen. Zuweilen bleibt ein Teil des Volkes gleichgültig, gehorcht nicht. Dann tritt das ein, was der Prophet vorausgesagt hat, und die Leute beginnen zu bereuen und denen zu glauben, die im Namen Gottes sprechen. So wird das Volk erzogen, daß es schließlich das durch Gott gestiftete Gesetz achtet und befolgt.

Nachdem die jüdische Menschheit unmittelbar durch Gott erzogen wurde, wird ein weiterer, nächster Schritt fällig: Gott schickt seinen Sohn. Und Gottes Sohn lehrt: Nicht auf das Gesetz kommt es an, sondern auf die Liebe. Doch wie verhält sich das vom Vater geforderte Gesetz zu der vom Sohn verkündeten Liebe? Es verhält sich völlig kontradiktorisch dazu. Und dieser Widerspruch ist – obschon er göttlicher Quelle entstammt – logisch unauflösbar. Kann ich denn als Mensch von

Gott auferlegt bekommen, einmal streng das Gesetz zu befolgen und es ein andermal aus Liebe zum Mitmenschen zu brechen, wie es der Sohn lehrt, ohne dabei in Widersprüche zu geraten? Gibt es da nicht unauflösbare Kollisionen? Lessing weist darauf hin, daß diese zwei Haltungen eigentlich zwei aufeinanderfolgende Entwicklungsschritte sind; sie liegen zeitlich auf verschiedenen Ebenen. Das Unmögliche entsteht, wenn sie gleichzeitig zu leben sind, hingegen wird es sehr wohl möglich, die widersprüchlichen Haltungen nacheinander zu leben. Ich kann zwar gesetzesstrenger Jude, dann aber nicht gleichzeitig liebender Christ sein. Beides gelingt erst, wenn es nacheinander gelebt wird. Im Nacheinander wird das möglich, was zeitgleich unmöglich ist. Damit ergibt sich gedankennotwendig, daß der Mensch durch verschiedene Leben hindurchgehen muß. Lessing geht auch auf die weitere Entwicklung ein. Nicht nur folgte das Christentum mit der Lehre der Liebe zeitlich auf die erste Offenbarung durch den Vater, sondern es wird außer der Offenbarung durch den Sohn in Zukunft noch eine weitere Offenbarung kommen. Obwohl Lessing selber sie nicht wörtlich so bezeichnet, können wir darin die Offenbarung des Heiligen Geistes erkennen. Und was wird dieser Heilige Geist lehren? Obwohl das noch in der Zukunft liegt, können wir schon heute vermuten, daß er den Menschen auf der einen Seite die Gaben des Christentums weiter pflegen lassen wird, denn diese sind unerschöpflich, er wird aber zugleich ein Bewußtsein davon vermitteln, was die Aufgabe des liebenden Menschen, dieses je einzigen Menschen ist. Der Heilige Geist wird die Individualität lehren.

Damit ist der Entwicklungsgedanke in einer großartigen Gestalt entworfen, und auf den einzelnen Menschen angewandt heißt das: Jedes einmalige Leben bedeutet, für sich etwas zu lernen. Lessing endet seine Schrift: «Warum sollte ich nicht so oft wiederkommen, als ich neue Kenntnisse, neue Fertigkeiten zu erlangen geschickt bin? Bringe ich auf einmal so viel weg, daß es der Mühe wiederzukommen etwa nicht lohnet? ... Oder, weil so zuviel Zeit für mich verloren gehen würde? – Verloren? – Und was habe ich denn zu versäumen? Ist nicht die ganze Ewigkeit mein?»[7] Diese Worte schrieb Lessing 1780, kurz vor seinem Tode.

---

[7] Gotthold Ephraim Lessing, *Die Erziehung des Menschengeschlechts,* § 98 und 100.

Steiners Karmagedanke

An diesen Gedanken knüpft Rudolf Steiner an, stößt dann aber gleich auf ein Problem, das bei Lessing nicht gelöst ist. Worin besteht es? Aus der Frage nach dem Wesen des Menschen, die andere aus der Geisteshaltung der damaligen Zeit heraus viel schärfer zum Ausdruck brachten als er.

Lessing sagt: Der Mensch lernt in jedem Leben, und weil er lernt, kommt er wieder. Wenn ich nun hinschaue auf das Leben, so kann ich feststellen, daß sich das Wesen des Menschen nicht von Anfang an in seinem Ich selbst erfährt. Niemand von uns hat schon als Säugling ein Selbstbewußtsein, und auch unser Selbstbewußtsein als Erwachsener ist höchst fragil. Wir können zwar strotzen vor Selbstbewußtsein, aber die leiseste negative Bemerkung, die man als Urteil von anderen über sich hört, die einem vielleicht zugetragen wird, beschäftigt einen nachhaltig, und plötzlich ist das vermeintlich starke Selbstbewußtsein angekratzt. Dieses Selbstbewußtsein ist also höchst fragwürdig. Wenn nun die Zeitgenossen Lessings und die auf ihn folgenden Philosophen den Menschen an seinem Selbstbewußtsein festmachen, wie etwa Hegel, der das Entwicklungsziel im Selbstbewußtsein, genauer: im Bewußtsein seiner Freiheit sieht, dann kann dies niemals ausreichen, um das Wesen des Menschen zu konstituieren.

An diesem Problem setzt Rudolf Steiner an. Er formuliert einen *doppelten Ich-Begriff*. Der eine berührt den überlieferten Ich-Begriff, der uns davon Kunde gibt, wie wir unsere gerade vorhandene Befindlichkeit in bezug auf das Bewußtsein von uns selbst erleben: das Selbstbewußtsein. Doch dann gibt es noch eine andere Schicht, in der wir genauso «Ich» sind, wovon wir aber eigentlich gar nichts wissen. Ich will das etwas humorvoll vergegenwärtigen. Wir hatten einmal einen Seminaristen am Lehrerseminar, der evangelischer Pfarrer war. Es ist ja nicht gerade gewöhnlich, daß evangelische Pfarrer, nachdem sie in Amt und Würden sind, ihren Beruf wechseln und Waldorflehrer werden. Bei einer Gelegenheit habe ich ihn gefragt: «Ja, was sind denn Ihre Beweggründe für diesen Entschluß?» Da meinte er: «Meine Frau.» Ich fragte weiter: «Wie haben Sie Ihre Frau denn kennengelernt?» Er antwortete: «Ja, das ist ganz einfach. In Tübingen, da stand eine Ampel auf Rot. Dort stand ich mit meinem Fahrrad und wartete. Schließlich kam ein Fahrrad neben mir zu stehen, ich guckte die Fahrerin an; dann fuhr das Fahrrad neben mir an und ich hinterher. Und an der nächsten Ampel war wieder Rot.» Und so ereignete sich sein ferneres Schicksal, das noch Komplikationen im Gefolge hatte, denn diese Frau war katholisch. Nun mußte der Pfarrer vom Oberkirchenrat eine Dispens erwirken, um sie interkonfessionell heiraten zu können. Als sie dann Kinder hatten, beschäftigte sich diese Frau mit Kindererziehung. An dem Ort, wo er sein Pfarramt übernahm, lernte sie einen Waldorfkindergarten kennen, war davon angetan und bat ihn, sich auch damit vertraut zu machen. Er hörte von der Anthroposophie, war zunächst ganz verquält, während seine Frau voll einstieg. Sie wurde schließlich Waldorfkindergärtnerin und las ihm dann Zyklen von Rudolf Steiner vor. Irgendwann blieb ihm nichts anderes übrig, als den Beruf zu wechseln. Das hatte er sicher nicht in seinem Selbstbewußtsein geplant!

Also gibt es da eine Schicht, die zu schicksalshaften Begegnungen führt. Und in den Begegnungen finden Erwachensvorgänge statt, so daß man mit den eigenen Wesenstiefen in Berührung kommt. Natürlich hat sich unser Seminarist dann auch bewußt entschieden. Er mußte wieder zum Oberkirchenrat und hat da einiges gehört, aber er hat den Schritt vollzogen. Und wo liegt die Ursache? – Die liegt dort, wo sie die Philosophen nicht reflektieren.

Diese Doppelheit des Ichs läßt sich so darstellen:

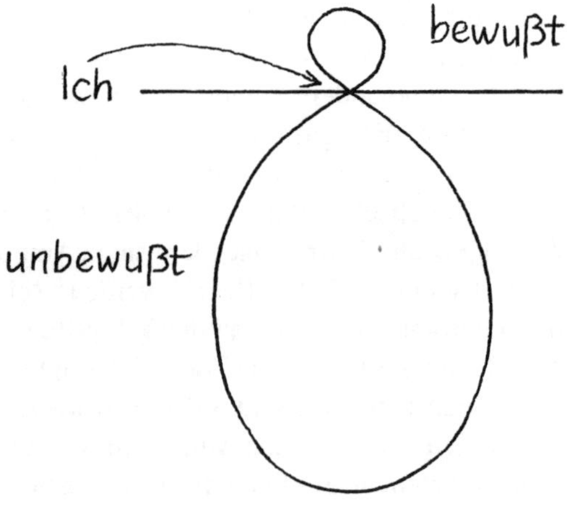

In der Lemniskate haben wir oben das sich selbst reflektierende Ich mit seinem Selbstbewußtsein, aber auch mit seinen Plänen, Wünschen und Zielen; in dem weiten Bogen, gleichsam unter der Schwelle des Bewußtseins, haben wir jenes Ich, das in den Tiefen wirkt; seine Eigenschaft ist die Wirksamkeit. Wenn man dieses Ich genauer untersucht, stößt man auf die wirksamen Impulse. Dieses Ich braucht einen Anstoß, der von außen kommt, wie im genannten Beispiel, und plötzlich wird es ergriffen und kommt wie zu sich selbst, zum eigenen Lebensplan oder Entwurf. Das andere Ich, das über der Bewußtseinslinie liegt, mag damit sogar noch Probleme haben, unten wirkt es aber bereits. Das untere ist es, das die Situationen schafft, Impulse und Einschläge gibt, die dann vom oberen bewußtgemacht und begleitet werden.

Die Fähigkeiten

Nun gehört aber zu diesem Ich noch etwas hinzu. Ich schaue jetzt vor allem auf die Kinder, um an einem Beispiel zu entwickeln, worum es im Tieferen geht: Ich habe zwei Enkelkinder, und deren Mutter ist meine Tochter. Bei ihrer Erziehung haben meine Frau und ich uns weidlich bemüht und immer versucht, eine gewisse Ordnung in den räumlichen Verhältnissen zu schaffen. Wenn gespielt wurde, dann mußte auch aufgeräumt werden und ähnliches. Doch bei kritischem Rückblick muß man gestehen, daß wir darin versagt haben; es ist uns nicht gelungen, zumindest nicht so, wie wir es gerne gehabt hätten. Nun hat also dieses Wesen mit den Spuren unserer vergeblichen Erziehungsbemühung zwei eigene Kinder, und die Kinder haben jetzt auch wieder ein Angebot an Umweltgestaltung. Man kann also vorhersagen, daß diese Umgebung wenig an eine preußische Kultur erinnern wird. Und es ist tatsächlich so, daß man, wenn man den Raum der Kinder betritt, immer über irgendein am Boden liegendes Spielzeug steigen darf. Die Mutter stört das weniger als die Großeltern.

Als die erste Enkeltochter allmählich in diese durchaus künstlerische Umgebung hineinwuchs, konnte man an ihr eine besondere Eigenschaft beobachten: Sie nahm alles sehr genau wahr, was etwa im Bereich ihrer Augenhöhe lag. Mein Bücherregal wurde oft bearbeitet; es wurden

Bücher herausgezogen, betrachtet und abgelegt. Sie stapelten sich dann unten. Doch eigentümlich, dort wurden sie gar nicht bemerkt. Das Kind sah sie gar nicht, sondern stieg dann einfach wie über Hindernisse darüber, fiel auch gelegentlich, aber eigentlich waren nur die Dinge in ihrer Augenhöhe von Interesse und wurden ergriffen. Nun bekam dieses Kind ein Geschwisterchen, das jetzt gerade anderthalb Jahre alt ist. Dieses Mädchen hat eine ganz andere Eigenschaft: Es guckt immer, was auf dem Boden liegt, und räumt es ein – in ihrer Weise. Da können dann zwei Bücher ineinandergeschoben werden, aber es wird alles aufgehoben und plaziert, oder es wird alles auf den Tisch gelegt. Da herrscht Ordnung, eben ihre, die wiederum nicht ganz die meine ist, aber das macht schon der Altersunterschied, daß die verschieden sein wird. Alles wird hochgeschafft; dieses Kind hat gewissermaßen den Blick für unten Liegendes, und wenn die eine Enkeltochter alles ausräumt, dann hebt die andere das auf – wie eine Königin mit Zofe.

Ich möchte mit diesem Beispiel darauf aufmerksam machen, daß eine persönlichkeitsprägende Schicht schon nach anderthalb Jahren beobachtet werden kann, die den einen Menschen radikal von dem anderen unterscheidet – radikal! Und wenn ich das auf einen Nenner bringe, dann kann ich sagen: Da steckt in diesem wirkenden Menschen zugleich auch ein fähiger Mensch. Und es sind Fähigkeiten, die gar nicht anerzogen sind. Sie sind nicht erbildet worden in langwierigen Sozialisationsprozessen, sondern sie sind einfach da.

Um auf solche Fähigkeiten hinzuweisen, machte Rudolf Steiner auf geniale Leistungen aufmerksam, zum Beispiel bei Mozart, der in musikalischen Techniken ausgebildet war, schon viel gelernt hatte, wußte, wie man spielt, wie die Notenschrift gehandhabt wird und so weiter. Außer ihm haben dies Zehntausende von Musikern auch gelernt und beherrschen das Metier gut. Aber bei Mozart hat dieses noch eine andere Dimension. Einmal hatte er in der Sixtinischen Kapelle einen achtstimmigen Satz von zwanzig Minuten Dauer gehört. Der Vater hätte gern den Notensatz gehabt, bekam ihn aber trotz Vorsprache nicht, weil er an diesen Raum gebunden bleiben sollte. Der zwölfjährige Wolfgang sagte zum Vater: «Macht nichts, ich schreib's dir auf.» Und dann schrieb er aus der Erinnerung einen zwanzigminütigen, achtstimmigen Chorsatz. Hinterher kommen die Musikwissenschaftler, vergleichen Mozarts Partitur mit dem Original und stellen um die zwanzig Fehler fest. Bemerkenswert ist dabei, daß der Knabe erst im nachhinein zum Entschluß kam, das Werk aufzuzeichnen, es also nicht mit der Absicht, es aufzuzeichnen, hörte. Wo hat der Knabe diese musikalische Überschau her? Diese sitzt tief in seinem geistigen Wesen der Individualität. Das ist genau dasjenige, was das verborgene, aber höchst reale und höchst wirksame Ich konstituiert: die Fähigkeiten.

Erst als Rudolf Steiner zu diesem janusköpfigen Ich-Wesen, zu seinem Doppelbegriff vorgedrungen war – er nennt dann in der «Theosophie»[8] dieses, was ich unter der Linie dargestellt habe, «Geistselbst», und was über der Linie dargestellt ist, das «Ich» –, erst als diese Begrifflichkeit von ihm erfaßt wurde, wurde ihm zugleich verständlich, was als Wirkenszusammenhang von der Doppelnatur des Ich ausgeht.

Wie ist das beim reflektierenden und wie beim tätigen Ich? In der «Allgemeinen Menschenkunde»[9] macht Rudolf Steiner darauf aufmerksam: Dieses Wirkende hat mit dem Willen zu tun, und der Wille wirkt herein aus der Zukunft; das Reflektierende hat es primär zu tun mit der Vergangenheit, und diese wirkt herein aus dem Vorgeburtlichen.

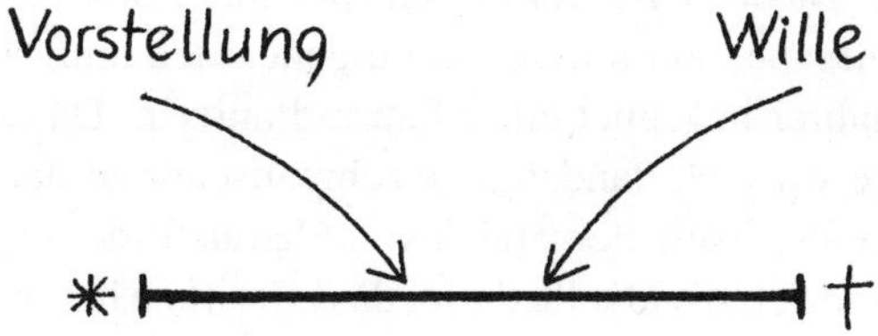

Freilich ist diese Trennung nur eine ideelle, die den Bewußtseinstatsachen folgt: Das eine Ich ist sich seiner selbst bewußt, hoch empfindlich und störanfällig, das andere von weiter, weisheitsvoller Tiefe, ja geradezu unendlich. In Wirklichkeit bilden beide ein einziges Wesen, eben das Wesen des Menschen, das zugleich beide Zeitdimensionen umgreift: die Vergangenheit aller Inkarnationen, die Strebensziele in die Zukunft.

---

[8] GA 9, Dornach [30]1978, S. 51f.

[9] Rudolf Steiner, *Allgemeine Menschenkunde als Grundlage der Pädagogik*, GA 293, Dornach [9]1992, Vortrag vom 22. August 1919.

Es ist *das* Wesen des Menschen, nicht ein dualistisches, sondern ein einheitliches Wesen – nur nicht für das Bewußtsein. Spannend wird die Sache, wenn der jeweilige Gegenwartsaugenblick erfaßt wird. Doch das würde den Rahmen dieser Ausführungen sprengen.

Karma und Schicksal

Damit sind wir über die Betrachtung des Gedankens der Reinkarnation zum Gedanken des Karma im speziellen zurückgekehrt.

Karma heißt «Handlung», «Tat». Karma hat ein Doppelgesicht. Einmal bezeichnet es das, was mir widerfährt. Darin steckt aber zugleich eine Herausforderung, die sich mir stellt. Was mir zustößt, ist auch das, was sich mir als Aufgabe stellt. Ist die Aufgabe zu groß, vernichtet sie mich. Doch das ist eine Extremlage. In aller Regel stellt sich die Frage: Wie gehe ich mit einer Situation um, die sich einstellt? Ich kann daran das Niederdrückende erfahren; dann bin ich geneigt, es Schicksal oder Verhängnis zu nennen. Doch ich kann das Schicksal auch so verstehen, daß ich mir sage: Das widerfährt mir; ich habe hier etwas zu tun, es stellt sich mir eine Aufgabe, damit muß ich umgehen, ich muß sie gestalten.

Der Fahrradfahrer begegnet einer Fahrradfahrerin. Das sind Begegnungen, wie sie etwa in Holland täglich zehntausendmal stattfinden. Die bleiben alle folgenlos, weil niemand das als Herausforderung ansieht. Es fehlt noch etwas: das Individuelle darin, das zu wirken hat. Warum erlebt der eine diesen Aufforderungscharakter und der andere gar nicht? Was spielt da im Untergrund?

Dort, wo das Ich in die Welt hinein handelt, wo es etwas gestaltet, wo es etwas tut, wo es Spuren der Biographie zieht, da prägt es der Welt etwas auf. Faust sagt am Ende seines Lebens: «Es kann die Spur von meinen Erdentagen / Nicht in Äonen untergehn.»[10] Er hat seine Spur gezogen, viele Verheerungen angerichtet, aber auch Land dem Meer abgerungen, und zwar stets als Grenzgänger. Seine Individualität hat als handelnde der Welt etwas an Gestaltung eingeprägt. Dieser Wesenszug haftet in der Welt und kann nie mehr vergehen.

---

[10] Johann Wolfgang Goethe, *Faust II*, «Großer Vorhof des Palastes».

In der «Theosophie» unterscheidet Rudolf Steiner zwei Schichten des Handelns, in denen sich Karma im Sinne der Einprägung bildet: Eine Schicht ist die, wo ich die Materie gestalte, wo ich der Welt in ihrer Stofflichkeit etwas einpräge. Ob ich einen Zweig abschneide oder nicht, davon hängt ab, was ich der Welt aufgeprägt habe. Das andere Substrat, in das gewirkt werden kann, ist gleichsam immateriell: Ob ich auf einen anderen Menschen einen Eindruck mache oder nicht, das teilt sich dem Seelischen mit oder nicht.[11] Die Fahrradfahrer, die täglich sich zu Zehntausenden begegnen, die machen wohl aufeinander zumeist keinen tieferen Eindruck. Aber in dem einen Fall, wo ein Eindruck gemacht wird, da ändert sich plötzlich das ganze lebensbiographische Geflecht. Das heißt aber doch, daß etwas durch das Ich der Welt oder dem anderen Menschen aufgeprägt wird. Und dieses Aufgeprägte geht niemals mehr unter, es bleibt der Welt oder dem Menschen einverwoben.

Es stellt sich die Frage: Wenn jemand ein neues Leben antritt, wird dann nicht das einverwobene Tatengeflecht erneut wie elektrisiert und deshalb so wirken, daß gewissermaßen die Bedingungen von den einzelnen Partnern herangezogen werden, mit denen der einzelne schon einmal verbunden war? Ein konkretes Beispiel: Wenn die Mitglieder eines Lehrerkollegiums zusammensitzen und sich etwa innig auf die Nerven gehen, also Leidensgeschichten, Leidenstragödien sich abspielen, dann sind es zunächst im eigenen Urteil immer die anderen, die daran Schuld tragen. (Freilich, das sei nicht vergessen: Es gibt natürlich auch recht freudevolle Ereignisse.)

Wirkt nicht in allem ein bereits früher bereiteter Schicksalsboden, ein Boden, der die hinterlassenen Eindrücke trägt, denen ich jetzt in den Folgen erneut begegne, ohne daß mein Bewußtsein imstande wäre, die Wirklichkeit zu umgreifen? Doch das Ich wirkt darin begegnungshaft, es ist allerdings gerade nicht unser bewußtes Ich. Alle Tätigkeiten, die wir ausüben, werden uns in ihren Folgen immer nur zu einem Teil bewußt. Man braucht sich nur vorzustellen, daß wir etwa über das Intimste und Geistigste, über das wir gebieten, über unsere Fähigkeiten, Rechenschaft ablegen sollten. Wer einer Herausforderung gegenübersteht, weiß sehr

---

[11] Siehe Rudolf Steiner, *Theosophie*, GA 9, Dornach [31]1987, Kapitel: «Wiederverkörperung des Geistes und Schicksal».

schnell, ob ihm das, was zu tun ist, von der Hand geht. Damit wird er ansichtig, ob er über eine Fähigkeit verfügt oder nicht; wenn nicht, dann weiß er, daß er üben muß, um sich allmählich zu befähigen. Im voraus kann man seine Fähigkeiten nur dann kennen, wenn man ihnen schon einmal begegnet ist, und diese Begegnung findet immer nur dann statt, wenn es etwas zu tun gilt. Fähigkeiten sind etwas zutiefst Spirituelles, aber auch tief Unbewußtes.

Genauso unbewußt sind die Erfahrungen auf der Ebene der Sozialbegegnungen. Man kann fragen: Begegnet einem nicht in jedem Menschen, mit dem man zu tun hat, wenn er einem von außen entgegentritt, zugleich eine untergründige, unbewußte Prägung, die von einem selbst herrührt? Und diese Prägung kann positiv oder negativ, förderlich oder hemmend sein.

Dies ist der Gedanke, den Rudolf Steiner zu Lessings Gedanken hinzufügt, den Lessing noch nicht gedacht hatte: der Gedanke des Karma. Steiner bevorzugt den Ausdruck «Karma», weil darin der Aufforderungscharakter stärker zum Ausdruck kommt als beim Schicksalsbegriff, denn da wird mir etwas geschickt von irgendeiner unbekannten Macht; im Karma dagegen wird mir etwas geschickt, und zwar von mir selbst, was ich will, daß es geschieht. Und deshalb sind alle Kinder, die wir in einer Klasse haben, unser Karma. Und da gibt es nur eines: Man muß sein Karma lieben.

Beispiele karmischer Verknüpfungen

Zwischen den einzelnen Leben liegt jeweils ein gewaltiger Bewußtseinsumschwung. Das Leben in den Sinnen, das heißt in der Leiblichkeit, führt dazu, daß wir unser Bewußtsein innerhalb des Leibes – während des Wachens – zentriert haben. Nach dem Tode weiten wir uns mit unserem Bewußtsein zu einem All-Bewußtsein aus. Dieses ist auch in sich nach Wachheitsgraden rhythmisch gegliedert und geht dann mit einer neuen Geburt oder Inkarnation allmählich erneut in ein Alltagsbewußtsein, zentriert auf uns selbst, über. Und nun schaut Rudolf Steiner auf diesen Zusammenhang. Da gibt es etwa Lebensläufe, die in ihrer Schicksalsgebärde auf etwas Überschaubares, Begrenztes oder Enges hinweisen, wo alles gewissermaßen bei sich im Überschaubaren bleibt. Solche Prägungen erkennen wir zum Beispiel im Typus des Wagner im Faust, im Typus des Bürgertums, ja noch enger: des Kleinbürgertums, der Spießigkeit. Was wird aus einer solchen begrenzten Lebensführung an Karma im nächsten Leben? Rudolf Steiner sagt: Das wird eine arme Seele, sie hat wenig Reichtum in sich, sie wird sehr bescheiden, wenig reagibel auf äußere Eindrücke.[12]

Dann gibt es ganz weite Lebensläufe; ein solcher wurde in einzigartiger Weise von Leonardo da Vinci gelebt. Wenn er mit irgendeiner Aufgabe begonnen hatte, war es unvermeidlich, daß er auf irgendein Folgeproblem stieß. Sogleich vergaß der Meister, womit er soeben noch beschäftigt war, und ging mit voller Intensität diesem neuen Problem nach. Auf diese Weise blieben eigentlich immer nur Fragmente und Entwürfe übrig. Aber weil Leonardo eben Leonardo war, ist es immer noch gigantisch genug. Dieser Zug als Lebensgebärde, mit Interesse dem jeweiligen Problem und jedem Problem nachzugehen, immer neue Ufer zu erringen, ist völlig anders als ein Leben in Gleichgültigkeit. Dieses Interesse, das sich dadurch erbildet, führt dazu – auch wenn vorher die Fähigkeiten und Anlagen noch nicht groß vorhanden waren –, daß nach und nach ein Reichtum in der Seele sich bildet gegenüber allen Eindrücken der Welt. In einem nächsten Leben wird also eine reiche, füllige Seele geboren.

So gibt es zwei Typen: die einen, die sehr souverän, aber oberflächlich, «künstlerisch» im unguten Sinne arbeiten – man kann das auch Schlamperei nennen oder die Produktion von Murks –; dies ist uns selbst wahrscheinlich im eigenen Wesen bekannt. Den anderen Typus treffen wir oft bei guten Handwerkern an: Sie sind die reine Zuverlässigkeit.

Man kann so verschiedene Eigenschaften durchgehen und sich die Frage stellen: Welcher Grundzug wird im einen Fall die Zukunft bestimmen und welcher Grundzug, welche Neigung wird im anderen Fall das nächste Leben bestimmen? Und dann werden Sie darauf stoßen: Da wird einer recht gewissenlos und der andere mit ausgeprägtem Gewissen und

---

[12] Siehe Rudolf Steiner, *Wiederverkörperung und Karma,* GA 135, Dornach [4]1989, Vortrag vom 21. Februar 1912.

Verantwortungsgefühl, ohne daß er es eigens lernen muß, durch das Leben gehen.

Was können wir als Lehrer aus dem Gedanken von Reinkarnation und Karma gewinnen – nicht an Theoriegebäude, sondern als gelenkten Blick für reale Wahrnehmungen? Gelingt es uns, in den Bewegungen, in den Verhaltensweisen, in den Eigenschaften, die Kinder uns entgegenbringen, etwas wie Transparenz zu gewinnen für die Kräfte, die aus der Vergangenheit hereinführen und prägend das kindliche Leben in dieser Existenz gestalten? Und wenn dieser Blick gewissermaßen durch Gedankenüberlegungen gelenkt wird, dann hat man sehr genau auf einzelnes hinzusehen. Dadurch aber lernt man unterscheiden zwischen Anlagen, die mehr im Seelischen sind, Anlagen, die mehr im Ätherischen sind, und Anlagen, die mehr im physischen Leib begründet sind. Die Überlegungen, mit denen wir uns beschäftigen, sollen also dazu dienen, den Lehrer inniger, verstehender mit der Wesenheit des Kindes in Verbindung zu bringen, nicht urteilend, sondern das Rätsel Mensch befragend. Dadurch werden wir unsere Pädagogik spiritualisieren. Und das ist notwendig in einer Zeit, wo der äußere Materialismus sich mehr und mehr ausbreitet. Es gilt gewissermaßen, die Tiefendimension des Menschen verstehend zu erfassen.

Ernst-Michael Kranich

Menschenerkenntnis unter dem Gesichtspunkt von Reinkarnation

Seit einigen Jahrzehnten vollzieht sich eine starke Veränderung in den Bedingungen, unter denen der Mensch seinen Weg durch das irdische Leben geht. Noch am Beginn unseres Jahrhunderts war der Lebenslauf des Menschen vielfältig verwurzelt. Er war getragen von Lebensformen, die sich in der Vergangenheit gebildet hatten. Das Kind wuchs im Lebensraum der Familie mit seinen Geschwistern heran, mit Liedern und Spielen, mit kleinen und größeren Pflichten. Sein Leben war durch den Rhythmus des Tages und den des Jahres mit seinen Festeszeiten geordnet. Es war geprägt von religiösen Anschauungen und von sittlichen Grundsätzen. Wenn der Mensch als Erwachsener im Beruf stand, so bedeutete die Arbeit einen inneren Wert; sie war verbunden mit einem spezifischen Ethos. Der Mensch war eingebunden in Lebensformen, in denen er jene Eigenschaften und Kräfte entwickeln konnte, durch die man ein irdischer Mensch ist: Er konnte als Persönlichkeit reifen. Seine persönlichen Anschauungen, seine persönlichen Wünsche und Interessen, seine persönliche Tüchtigkeit waren eingebunden in einen Lebensumkreis, der durch seine Traditionen innere Werte enthielt.

Diese Traditionen lösen sich auf. Indem an ihre Stelle die technische Zivilisation tritt, kann der Mensch nicht mehr wie bisher sein Leben aus den Kräften der Persönlichkeit gestalten, denn die technische Zivilisation gibt mit ihren Inhalten und Ausbildungs- und Arbeitsformen dem Menschen weder Halt noch Orientierung. Als Persönlichkeit, für die die eigenen Wünsche, Meinungen und so weiter bestimmend sind, kommt der Mensch in den Sog von Kräften, die einer wahrhaft menschlichen Entwicklung entgegenwirken.

Auch der äußere Ablauf der Biographien verändert sich. Früher blieb man bis zum Alter in dem Beruf, den man gelernt hatte. Heute verwurzeln sich die Menschen nicht mehr so stark in den äußeren Verhältnissen; das Leben wird mehr und mehr zu einer unabgesicherten Wanderschaft durch unterschiedliche Berufsfelder, durch wechselnde menschliche Beziehungen und so weiter. Für diesen neuen Lebensstil hat man in der Soziologie den Begriff der «Bastelbiographie»[1] geprägt.

Diese Individualisierung bedeutet eine Krise der Persönlichkeit. Der Mensch muß heute zu jenen Bereichen einen Zugang gewinnen, aus denen er sein Leben ganz von innen gestalten kann. Der Übergang zu einer von innen kommenden Lebensgestaltung verlangt aber, daß man objektive Aufgaben des Lebens ergreift und aus tieferen Lebensimpulsen tätig wird. Diese stammen aus der Individualität des Menschen, das heißt aus jenem tiefen, ewigen Wesensbereich, der seine Wurzeln nicht wie die Persönlichkeit in dem jetzigen Erdenleben hat.

Deshalb hat die Pädagogik neue Aufgaben. Sie hat bis in die Inhalte und Methoden des Unterrichts darauf hinzuarbeiten, daß in den Kindern die Individualität zu erwachen beginnt. Nach Rudolf Steiner haben unsere Schulen die Aufgabe, aus Kindern Individualitäten zu machen. Deshalb kann man als Lehrer nicht stehenbleiben bei der Art, wie man Kinder und Menschen normalerweise betrachtet. Da schaut man hin auf die Erscheinung, auf die Begabung, die Interessen, die Gemütskräfte, das Temperament und so weiter. Man muß lernen, gleichsam durch all das hindurchzuschauen in jene Bereiche, aus denen diese Eigenschaften hervorgehen. Man muß die Wurzeln dessen aufsuchen, was einem im anderen Menschen entgegentritt. Dann kommt man in den Bereich seiner Individualität. Es geht also um eine Menschenerkenntnis, für die das *Gegenwärtige* transparent wird und in der Transparenz sich der geistige Blick in eine Vergangenheit ausweitet, die dem jetzigen Erdenleben vorangeht.

* * *

Man braucht einen sicheren Ausgangspunkt, wenn man die Menschenerkenntnis in dieser Richtung erweitern will. Diesen Ausgangspunkt fin-

---

[1] Siehe U. Beck und E. Beck-Gernsheim (Hrsg.), *Riskante Freiheiten,* Frankfurt 1994, S. 13.

det man, wenn man den Menschen nicht im Sinne der Dreigliederung betrachtet, sondern als zweigliedriges Wesen. Die Zweiheit im Menschen entdeckt man, wenn man zum Beispiel darauf hinschaut, wie das Ich des Menschen im Leibe wirkt. Die vertikale Haltung beruht ja darauf, daß der Mensch in seinem Leib die Kräfte der Schwere ergreift und vollständig, das heißt von den Füßen bis zum Kopf, überwindet. Indem der Mensch im ersten Lebensjahr diesen Prozeß der Überwindung Etappe um Etappe erringt, bildet er seinen Leib um – in den Füßen und Beinen, in der Hüfte, der Wirbelsäule, im Brustkorb, in der Beziehung der Arme zum Rumpf und so weiter.

So kommt er dazu, sich innerlich im Gleichgewicht zu halten. In diesem Geschehen wirken die Willenskräfte, durch die der Mensch im Gleichgewicht in sich die eigene Mitte, das In-sich-zentriert-Sein erfährt. Was sich im Aufrichten und in den Umgestaltungen des Leibes in den Kräften der Schwere als wirkende Macht zur Geltung bringt, ist das Ich: das aus sich selbst wirkende, in sich zentrierte innerste Wesen des Menschen.

Dieses Ich wirkt ganz in äußeren Kräften – und sein Wirken reicht bis an die Grenze des Kopfes. Es ist aber nicht in gleicher Weise im Kopf tätig, denn der Kopf ist durch seine ganze Gestalt herausgehoben aus den äußeren Kräften. Das heißt: Der Kopf des Menschen ist herausgesondert aus dem aktuellen Wirken des Ich.

Man kann den Blick auch auf die Gefühle, die Emotionen, auf das Begehren, die Leidenschaften, das heißt auf alle jene inneren Erlebnisse richten, die man etwas ungenau als Astralleib bezeichnet. Diese Erlebnisse wogen im Bereich der pulsierenden Lunge, im pulsierenden Leben des Herzens; man erlebt sie in der Region des Magens und so weiter. Man empfindet von dem inneren Leben des Astralleibes aber nichts im Kopf. Da sind lediglich mit den Sinnesempfindungen des Riechens und des Schmeckens gewisse Lust- und Unlusterlebnisse verknüpft. – Auch unser Astralleib ist im Rumpf und in den Gliedern, besonders in den Armen, im Bereich anderer Kräfte und Prozesse tätig. Man erlebt von seinem Wirken aber nichts im Kopf.

Wie ist die Konfiguration des menschlichen Wesens im Kopf? Hier begegnet man doch auch dem Ich des Menschen und seinem seelischen Wesen – dem seelischen Wesen im Antlitz, in der Physiognomie – und dem Ich vor allem in der ganzen Formung: in der Art, wie die Augen unter die Stirn zurückgenommen sind, in der vertikalen Form der Nase, in der Unterordnung von Antlitz und Kieferbildung unter die Stirn. So äußern sich Seele und Ich des Menschen im Kopf; der Kopf ist ganz Offenbarung von Ich und Seele. Er ist aber Offenbarung *als Form*. Hier leben und wirken Ich und Astralleib nicht wie im ganzen übrigen Leib; sie sind in den Formen des Kopfes *zum Bild geworden*. Wie stehen diese beiden so verschiedenen Manifestationen, das wirkende Leben in den äußeren Kräften und den Prozessen des Leibes und die Offenbarung als Form, zueinander? Man muß sich sagen: Wenn ein Wesen sich in den Formen des Leibes ausprägen soll, dann muß dem das Leben und Wirken dieses Wesens vorangegangen sein. Wie überall in der Welt geht dem Zustand der Form der des Lebens und Wirkens voraus.

Um hier zu klaren Begriffen zu kommen, kann man eine Überlegung Rudolf Steiners aus dem ersten Vortrag des Zyklus «Eine okkulte Physiologie» aufgreifen. Dort wird geschildert, wie das Gehirn des Menschen als ein verwandeltes Rückenmark zu betrachten ist. Das Gehirn befindet sich auf einer zweiten Stufe der Entwicklung, das Rückenmark auf der ersten Stufe. Das führt zu der Frage: Welches ist das ältere, welches das jüngere Organ?

«Es müssen alle Kräfte, die zur Gehirnbildung führten, ältere Kräfte sein; denn sie müssen auf einer früheren Stufe erst die Anlage zum Rückenmark gebildet haben und dann weitergewirkt haben zur Umbildung des Rückenmarkes zum Gehirn. Es muß also gleichsam ein zweiter Ansatz gemacht worden sein ... Wir haben also ... ein Rückenmark erster Ordnung zu sehen und in unserem Gehirn ein Rückenmark zweiter Ordnung, ein umgebildetes älteres Rückenmark, das einmal ein solches war, aber zum Gehirn umgebildet worden ist.»[2]

Wenn nun der Formzustand ein zweiter Zustand ist, dem das Leben und Wirken als ein erster Zustand vorausgegangen sein muß, dann kann man im Sinne der eben zitierten Überlegung sagen: Wir haben im Leib und Rumpf des Menschen eine Organisation von der Qualität einer ersten Stufe und im Kopf eine Organisation zweiter Stufe, die zur zwei-

---

[2] Rudolf Steiner, *Eine okkulte Physiologie*, GA 128, Dornach [5]1991, Vortrag vom 20. März 1911, S. 18.

ten Stufe durch Umwandlung der ersten Stufe fortgeschritten ist. – Wir müssen nun prüfen, wie sich dieser Gedanke verifizieren läßt.

* * *

Wie hat sich diese Umbildung vollzogen? Den ersten Hinweis auf eine Umgestaltung des Leibes in den Kopf findet man bei Goethe. Auf seiner zweiten italienischen Reise fand er 1790 am Lido von Venedig im Sand den Schädel eines jungen Schafes. Von unten war deutlich zu sehen, wie sich die Kette der Wirbel gleichsam in den Schädel hinein fortsetzt. Das bestätigte Goethe die, wie er sagt, «früher von mir erkannte Wahrheit, die sämtlichen Schädelknochen seien aus verwandelten Wirbelknochen entstanden.»

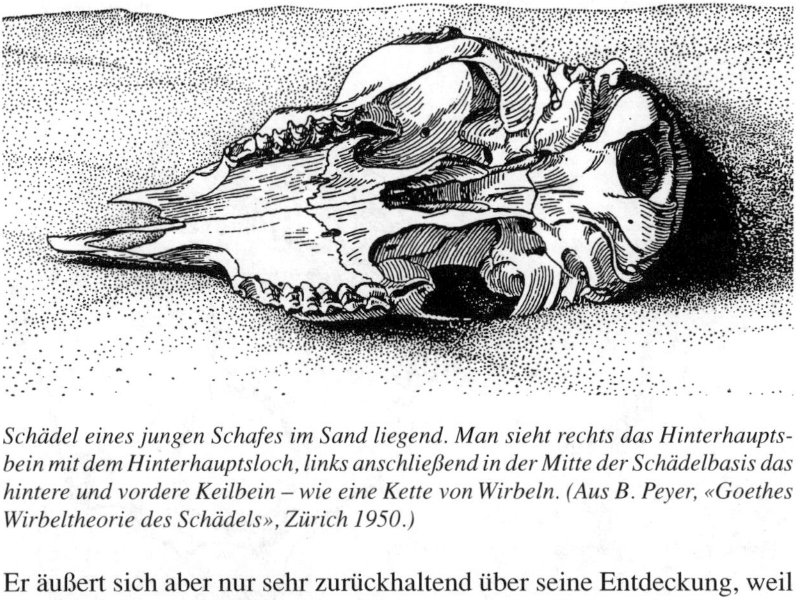

Schädel eines jungen Schafes im Sand liegend. Man sieht rechts das Hinterhauptsbein mit dem Hinterhauptsloch, links anschließend in der Mitte der Schädelbasis das hintere und vordere Keilbein – wie eine Kette von Wirbeln. (Aus B. Peyer, «Goethes Wirbeltheorie des Schädels», Zürich 1950.)

Er äußert sich aber nur sehr zurückhaltend über seine Entdeckung, weil er immer wieder beim Betrachten dieser Metamorphose erlebt, daß da etwas nicht ganz Greifbares ist. Es ist nach seinen eigenen Worten «eine esoterische Eigenschaft»[3]. Was ist diese «esoterische Eigenschaft»?

---

[3] *Goethes naturwissenschaftliche Schriften*, herausgegeben von Rudolf Steiner, Band 1, Dornach 1975, S. 316.

Der oberste Abschnitt der Wirbelsäule ist die Halswirbelsäule mit ihren sieben Wirbeln. Sie muß man betrachten, weil hier die Beziehung zum Kopf am deutlichsten ist. In den Halswirbeln tritt der Wirbelkörper, der tragende Teil des Wirbels, im Vergleich zu den Wirbeln der Brust- und besonders zu denen der Lendenwirbelsäule deutlich zurück. Dagegen ist der Wirbelbogen, der den Wirbelkanal mit dem Rückenmark seitlich und hinten umschließt, gut ausgebildet. Man kann eine äußere und innere Fläche unterscheiden. Auf dem obersten Wirbel, dem Atlas, ruht der Schädel. Im Schädel steht das Hinterhauptsbein (*Os occipitale*) mit der Halswirbelsäule im Kontakt. Das Hinterhauptsbein ist der der Wirbelsäule nächste Teil des Schädels. So bietet es sich an, das Hinter-

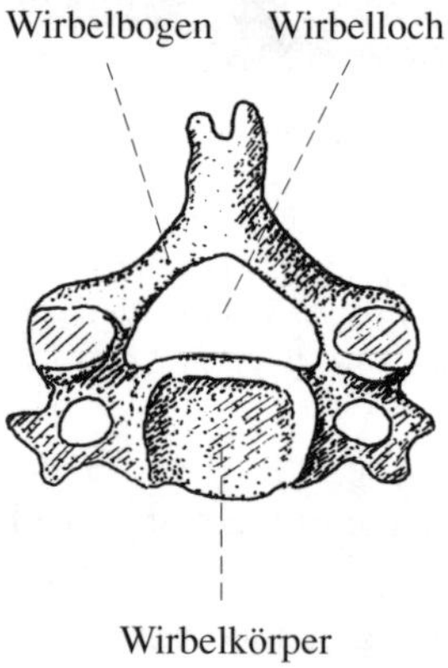

Mittlerer Halswirbel
(von oben)

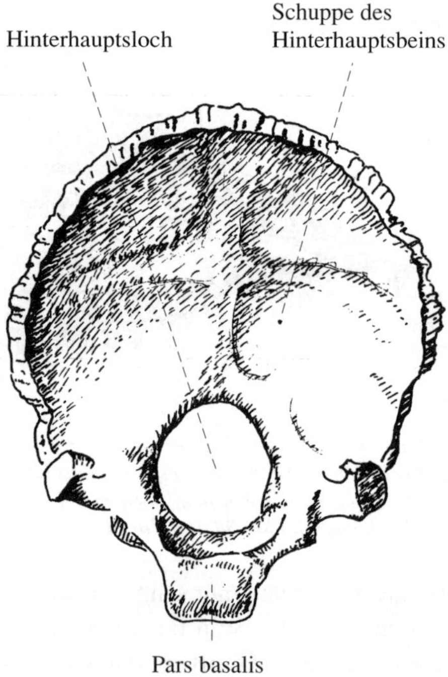

Hinterhauptsbein
(von oben, d.h. vom Schädelinnenraum aus betrachtet)

hauptsbein mit einem der Halswirbel zu vergleichen. Man entdeckt ziemlich rasch eine Formverwandtschaft. Das Wirbelloch entspricht dem Hinterhauptsloch (*Foramen magnum*), der Verbindung zwischen der Schädelhöhle und dem Wirbelkanal. Dem vor dem Wirbelloch liegenden Wirbelkörper entspricht die sogenannte *Pars basalis* des Hinterhauptsbeins, die sich nach vorn und oben an die Schädelbasis angliedert. Damit wird auch deutlich, daß der schalenförmige Teil – die Schuppe des Hinterhauptsbeins –, der sich hinten an das *Foramen magnum* anschließt, das Analogon des Wirbelbogens ist. Was beim Halswirbel der Wirbelbogen ist, ist beim Hinterhauptsbein flächig ausgeweitet. Die Außenfläche des Wirbelbogens wird bei dieser Ausweitung zur Innenfläche des Schädelknochens. Und die Innenfläche des Wirbelbogens hat am Hinterhauptsbein ihre Entsprechung in der Außenfläche. Das Hinterhauptsbein erscheint als ein umgewandelter Halswirbel. Bei der Metamorphose ist das Außen zu einem Innen und das Innen zu einem Außen geworden.

In der Schädelbasis gliedert sich an die *Pars basalis* des Hinterhauptsbeins das Keilbein an. Es ist beim Menschen aus den Anlagen des hinteren und vorderen Keilbeins verwachsen, die den Körpern eines zweiten und dritten Wirbels entsprechen. An das hintere Keilbein schließen sich seitlich das linke und rechte Schläfenbein und an diese die beiden Scheitelbeine an. Sie bilden das Analogon eines zweiten, zum hinteren Keilbein gehörenden Wirbelbogens. Die in der frühen Kindheit miteinander verwachsenden Stirnbeinhälften gliedern sich an das vordere Keilbein an; sie sind der umgewandelte Bogen eines dritten metamorphosierten Wirbels.[4]

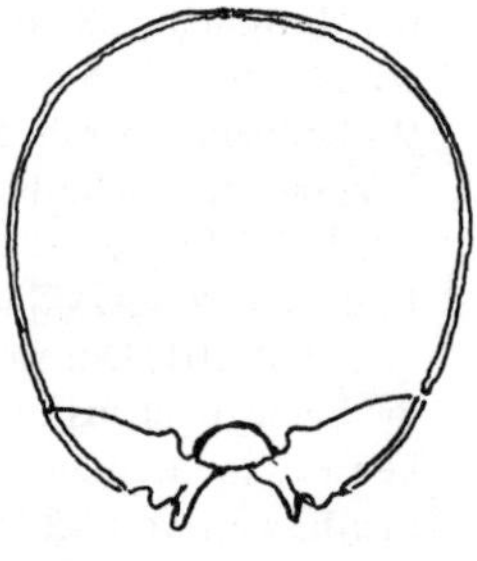

Querschnitt durch den Schädel:
der hintere Teil des Keilbeins (unten) und die beiden Scheitelbeine bilden den zweiten metamorphosierten und umgestülpten Wirbel. (Nach L. Oken aus O. Veit, «Über das Problem Wirbeltierkopf», Kempen 1947.)

---

[4] Die Wirbelbögen der Wirbel entstehen aus einer rechten und linken Anlage, die im Laufe der Embryonalentwicklung knorpelig und nach der Geburt auch knöchern miteinander verwachsen.

Wie beim Hinterhauptsbein besteht auch bei den Schläfen- und Scheitelbeinen und beim Stirnbein ein deutlicher Unterschied zwischen der inneren, glatteren und härteren und der äußeren Knochenlamelle. Auch hier entsprechen den Innenflächen die äußeren Flächen der Wirbelbögen. Goethe und Oken, der selbständig den Zusammenhang zwischen den Wirbelknochen und den Knochen des Gehirnschädels entdeckte, waren der Auffassung, der Gehirnschädel bestehe aus drei umgebildeten Wirbelknochen.[5] Die sphärenartige Form des Gehirnschädels ist aber nicht nur aus drei metamorphosierten, sondern aus drei umgestülpten und zu einer Ganzheit verwachsenen Wirbeln entstanden.[6]

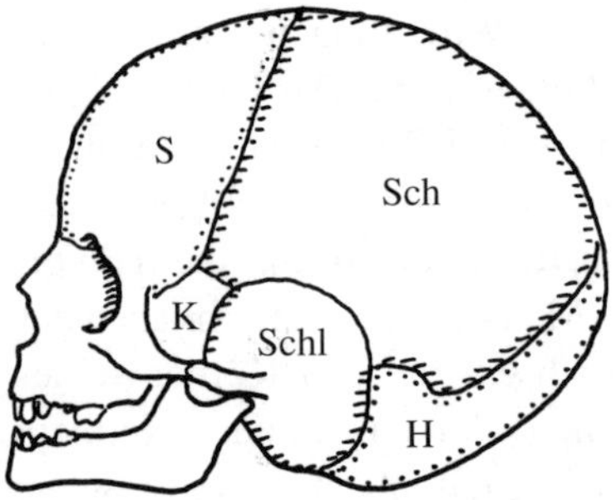

Der Schädel eines kleinen Kindes mit den drei Regionen, der des Hinterhauptsbeins (H), des hinteren Keilbeins (K), Schläfenbeins (Schl) und Scheitelbeins (Sch) und der des vorderen Keilbeins (K) und Stirnbeins (S).

---

5 Diese sogenannte Wirbeltheorie des Schädels stieß in der zweiten Hälfte des 19. Jahrhunderts auf energischen Widerspruch. Die Untersuchungen besonders über die Schädelentwicklung von Knorpelfischen schienen sie zu widerlegen. Lediglich die hinterste Region des Wirbeltierschädels ließ sich auf eine Fortsetzung der segmentalen Anordnung der Wirbelsäule zurückführen. Die Widerlegung der Wirbeltheorie beruht aber auf ungeklärten Voraussetzungen bei der Deutung der Phänomene. Siehe hierzu Rudolf Steiner in *Goethes Weltanschauung* (GA 6, 1963, S. 133ff.).

6 In dem Vortragszyklus *Entsprechungen zwischen Mikrokosmos und Makrokosmos* (GA 201, Dornach [2]1987, S. 116f.) äußert Rudolf Steiner folgendes: «Weil die Leute nicht ans Umstülpen denken, weil nicht bloß an ein Umwandeln zu denken ist, sondern an eine Umstülpung, daher kann nur annähernd eine Zusammenfassung von Schädelknochen ähnlich sein dem Rückenwirbel. Denn in Wirklichkeit werden ja die Schädelknochen in ihrer Form gebildet als das Ergebnis jener Kräfte, die auf den Menschen wirken zwischen dem Tode und einer neuen Geburt und müssen daher wesentlich anders ausschauen als bloß gewandelte andere Knochen. Umgestülpt sind sie.»

Wenn man die sphärenartige Wölbung des Gehirnschädels betrachtet, schaut man also nicht, wie man üblicherweise meint, auf eine Außenfläche. Sicher ist es die nach außen gerichtete Grenzfläche. Ihrem Wesen nach ist diese Grenzfläche aber – infolge der Umstülpung – eine Innenfläche. Und zu dieser Grenzfläche gehört als deren Innenraum der ganze umgebende Raum, das heißt der Kosmos.

An der äußeren Knochenlamelle (*Lamina externa*) des menschlichen Gehirnschädels kommt der Kosmos wie von innen an seine Grenze. Hieraus ergibt sich, daß der Schädelinnenraum mit dem Gehirn gegenüber dem Kosmos ein Äußeres ist, eine kleine aus dem Kosmos herausgesonderte Sphäre.[7]

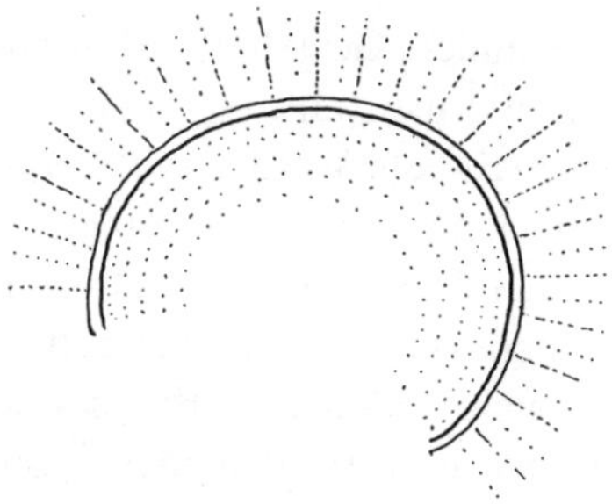

Wölbung des Schädels (von der Seite). An der Außenfläche (Lamina externa) hat der Kosmos seine Grenze; die Innenfläche (Lamina interna) umgrenzt die aus dem Kosmos ausgesonderte kleine Sphäre des Schädelinnenraums.

Man kann sich den Kosmos durch eine große Sphäre symbolisieren. Innerhalb dieses Kosmos entsteht die kleine Sphäre dadurch, daß der Kosmos in sich selbst etwas von seinem ganzen Umkreis her aussondert. Das Innere des menschlichen Gehirnschädels hat man als ein aus dem Kosmos herausgesondertes Konzentrat des Kosmos anzuschauen: «Im Kopf trägt ... der Mensch das Abbild des Kosmos in sich ... Durch die Antipathie des Kosmos [das ist die Kraft des Aus-sich-Absonderns] schafft der Kosmos ein Abbild von sich außerhalb seiner.»[8]

Wie kommt es zu dieser Bildung, in der uns drei sphärenartig zusammengeschlossene, umgestülpte Wirbel entgegentreten? Dem Gehirnschädel liegt ganz offensichtlich ein Teil einer Wirbelsäule zugrunde, das

---

[7] Es ist eine besonders unten stark deformierte Sphäre. Die Deformation entsteht dadurch, daß sich von unten an den Gehirnschädel der Gesichtsschädel angliedert.

[8] Rudolf Steiner, *Allgemeine Menschenkunde als Grundlage der Pädagogik*, GA 293, [9]1992, S. 42.

heißt jenes Organs, durch das sich der Mensch mit den Kräften seines Ich aufrichtet – das also in einer engen Beziehung zum Ich steht. Wenn man verfolgt, wie sich während der Embryonalentwicklung und in den ersten Lebensjahren nach der Geburt der Kopf bildet, dann bemerkt man, wie die Kräfte, die den Schädel des Kindes gestalten, von vornherein vollkommen da sind und sich lediglich in der leiblichen Formbildung verwirklichen.[9] Die Umwandlung der Wirbel zum Gehirnschädel ist da bereits abgeschlossen. Sie liegt ganz offensichtlich zwischen einem früheren Dasein und dem jetzigen.

* * *

Die äußere Gestalt des Menschen ist keine selbständige Wirklichkeit. In den Formen und Organen des physischen Leibes vollzieht sich fortwährend ein Werden und Vergehen. In der Erneuerung der organischen Substanz, die sich in einem Organ abspielt, wirkt eine lebendig gestaltende Kräfteorganisation. Diese ist mit der Kräfteorganisation der anderen Organe eng im Kräfteorganismus des Lebensleibes verflochten. Wenn der Mensch stirbt, löst sich der innere Mensch zusammen mit dem Lebensleib aus dem physischen Leib heraus. Der Kräfteorganismus des Lebensleibes hatte sich aber nach der viel innerlicheren Wesenheit des Astralleibes gestaltet (siehe Rudolf Steiner, «Geheimwissenschaft im Umriß», Kapitel «Schlaf und Tod»). Wenn sich dann bald das innere Wesen auch vom Lebensleib loslöst, ist es eine «Gestalt, die ... zunächst nach dem Tode in gewissem Sinne ähnlich ist der physischen Gestalt des Menschen»[10]. Diese «Geistgestalt» enthält in sich diejenigen Kräfte, die durch den Lebensleib den physischen Leib mit seinen Organen geformt haben.

---

[9] Die sphärische Form des menschlichen Kopfes entsteht schon am Ende des zweiten Monats der Embryonalentwicklung, vor dem Beginn der Verknöcherung. Die Knochen des Gehirnschädels entstehen dann als dünne Knochenlamellen von bestimmten Zentren aus und stoßen schließlich an den Stellen der späteren Knochennähte aneinander. Zunächst bestehen die flächigen Knochen des Schädels aus einer Knochenlamelle. Um das vierte Lebensjahr differenziert sich diese in den flächigen Schädelknochen mit der äußeren und inneren Knochenlamelle. Zwischen beiden entsteht die sogenannte Diploë mit blutbildendem Knochenmark.

[10] Rudolf Steiner, *Der übersinnliche Mensch, anthroposophisch erfaßt*, GA 231, Dornach 1962, S. 78.

Indem der Mensch nun nach dem Tode immer tiefer in die verschiedenen Regionen des übersinnlichen Daseins hineindringt, verwandelt sich seine Geistgestalt. Diese Verwandlung beginnt in jenem Bereich, der in seiner ganzen Konfiguration schon im Endzustand der Formbildung angekommen war und sich nicht weiter entwickeln kann: «Der Kopf verschwindet, löst sich in einer Art von geistigem Nebel auf.»[11] Später erlischt auch jene Region, an der die Bildekräfte des Kopfes stark organisierend beteiligt waren, der ganze Brustbereich. Während dieser Veränderungen, in denen der Mensch mehr und mehr Ausdruck seiner moralisch-geistigen Eigenschaften und Kräfte wird, vereinigt er sich mit immer umfassenderen Sphären der übersinnlichen Welt. Er weitet sich in geistig-kosmische Sphären aus und lebt dort mit den übersinnlichen Wesen, die in diesen Sphären schaffend tätig sind. Hier werden jene Kräfte, die seine Wirbelsäule gebildet haben, sphärenartig. Dann kommt bei der Ausweitung in die Sphären eine Zeit, in der der Mensch den Weg zurück zu einer nächsten Inkarnation finden kann. Dabei wenden sich die in den Umkreis gerichteten Kräfte nach innen. Es beginnt das Sich-Absondern aus den Sphären des Kosmos. Das Ergebnis dieses Aufgehens in den übersinnlichen Sphären und der Umwendung zum Sich-Absondern erscheint dann ganz konzentriert in der Konfiguration des menschlichen Gehirnschädels. So entsteht aus den Kräften, die in der Wirbelsäule in einem Erdenleben gestaltend tätig waren, jene Kräftekonfiguration, die im folgenden Erdenleben den Gehirnschädel des Hauptes bildet.

Es werden aber auch die anderen «Organe», die der Geistgestalt des Menschen nach dem Tode verbleiben, umgearbeitet, zum Beispiel die Gliedmaßen. Da besteht ein großer Unterschied zwischen den Armen und den Beinen. In den Beinen ist der Mensch tief mit den Kräften der Schwere verbunden. In ihrer gestreckten Form kommt zum Ausdruck, wie der Mensch in diesen Kräften drinnen steht und sie von innen überwindet. An keiner anderen Stelle des menschlichen Organismus wirkt das Ich so machtvoll in den Kräften der Schwere wie in dem gegen die Schwere gerichteten Wachsen der Beine. Und in den Bewegungen der Beine äußert sich die ganze Impulskraft des Ich.

---

[11] Ebenda, S. 84.

In den Armen steht der Mensch dagegen zur Umgebung in Beziehung. Durch die Art, wie sich die Arme an den Rumpf angliedern und wie sie bewegt werden, verbindet er sich mit dem Umkreis. In der Beweglichkeit der Arme wirkt viel weniger als in den Beinen die äußere Willenskraft, sondern die innere Regsamkeit der Seele. Die Arme sind vorwiegend Organe des astralischen Leibes. Ihre Bewegungen sind stärker als die der Beine von innerer Bewußtheit durchdrungen, besonders wenn sie bei den verschiedenen Tätigkeiten von Gedanken geführt werden. Dann leben in der sinnvollen Folge der Bewegungen die Gedanken und Motive des Menschen. Arme und Beine sind tief mit dem inneren Wesen des Menschen verbunden, denn in den Bewegungen wirkt mit den Motiven immer auch der moralische Charakter des Menschen.

So sind nach dem Tode gerade die Kräfte, die während des irdischen Lebens in den Armen und Beinen gestaltend und impulsierend tätig waren, bedeutende Glieder seiner Geistgestalt. Indem der Mensch nun in die umfassenden Regionen des Übersinnlichen gleichsam hineinwächst, werden auch diese Glieder von den kosmischen Sphären ergriffen und gestaltet. Die Kräfte, die die Gliedmaßen radial, das heißt in länglich gestreckten, runden Formen gestaltet hatten, werden umgearbeitet. Sie werden sphärenartig-flächig. Und wie die Wirbel in der sphärischen Umgestaltung ein Ganzes werden, fügen sich die Kräfte der beiden Arme, die im irdischen Leben immer schon zusammengewirkt hatten, sphärenartig zusammen, ebenso die Kräfte der beiden Beine.

Nun lebt in den Kräften der Arme die starke Beziehung zum Umkreis. Dadurch kommt in ihnen die Umbildung in eine flächig-runde Konfiguration stärker zur Geltung als in denen der Beine. Das führt dazu, daß sie sich der sphärischen Form des Kopfes stärker angliedern als die umgewandelten Beine. In diesen kommt dagegen zum Ausdruck, daß es sich um eine Organisation handelt, die ursprünglich der äußeren Bewegung im Raum gedient hat.

So entstehen aus den in den kosmischen Sphären umgestalteten Armen die beiden Hälften des Oberkiefers, die sich unterhalb der Nasenöffnung zusammenschließen. Sie bilden den knöchernen Hintergrund des Gesichts, der einen starken physiognomischen Ausdruck hat. Die Form des Oberkiefers bestimmt in hohem Maße, ob das Antlitz eines Menschen schmal oder breit ist, das heißt, ob sich in ihm bestimmte Eigenschaften des Charakters oder das Innere der Seele aussprechen. Aus den umgearbeiteten Beinen entsteht der bewegliche Unterkiefer[12], dessen beide Hälften erst nach der Geburt vorn in der Rundung knöchern verwachsen. In der Form des Unterkiefers offenbart sich physiognomisch die Impulskraft, die das Ich im vorangehenden Erdenleben hatte.

Durch eine solche Betrachtung vertieft sich die Beziehung zum anderen Menschen. Man schaut die Formen des Kopfes nicht mehr wie bisher an; denn man wird fähig, in ihnen etwas Tieferes zu sehen: eine umgewandelte menschliche Organisation. In der sphärischen Form des Hauptes schaut man auf die umgearbeitete Gestalt jener Organisation hin, durch die sich der Mensch in der letzten Inkarnation aus den Kräften des Ich aufgerichtet hatte. Und im Ober- und Unterkiefer beziehungsweise in der Prägung der Hauptesbildung durch Ober- und Unterkiefer erfaßt man in verwandelter, weitgehend zur Form geronnener Gestalt jene Organe, durch die sich der Mensch in seinem letzten Erdenleben bewegt und aus den inneren geistigen und moralischen Kräften seines Wesens gehandelt hat.

Wenn man immer wieder die Umwandlung der früheren Organisation in die Formen des jetzigen Kopfes meditativ durchdenkt, dann wird das, was man äußerlich am Menschen wahrnimmt, allmählich transparent. Reinkarnation wird zu einer Realität, weil man ihr in der Konfiguration des menschlichen Hauptes konkret begegnet. Und diese Begegnung kann den Menschen bis in seine Lebensstimmung ergreifen. Denn er erlebt konkret: Das jetzige Dasein hat seine Wurzeln in einer früheren Inkarnation.

* * *

Man kann diese Betrachtung auch auf andere Bereiche des menschlichen Kopfes ausweiten, zum Beispiel auf jenen, in dem sich das Innere des Menschen am deutlichsten äußert: auf die Physiognomie. Im Antlitz muß man zwischen dem lebendig wechselnden Mienenspiel und der Physio-

---

12 In dem Vortragszyklus *Der übersinnliche Mensch, anthroposophisch erfaßt* schildert Rudolf Steiner, wie die menschlichen Gliedmaßen im nachtodlichen Dasein umgebildet werden. «Da sieht man, wie zum Beispiel der Inhalt der Beine umgearbeitet wird für das zukünftige Erdenleben zur Gestaltung des Unterkiefers. Was Arme und Hände sind, wird umgearbeitet zum Oberkiefer und zu allem, was das dazugehörige Nervensystem ist» (GA 231, Dornach 1962, S. 87).

gnomie unterscheiden. In der Miene äußert sich das gegenwärtige Seelenleben mit seinen vielfältigen Regungen wie Freude, Erstaunen, Sorge, Ärger, Ernst und Trauer. Die Physiognomie ist dagegen der bleibende Ausdruck, der von den momentanen Regungen der Seele nur modifiziert wird. In ihr erscheint ein inneres Wesen als Bild. Die Physiognomie verändert sich im Laufe des Lebens; es wird etwas von dem sichtbar, was der Mensch durchlebt und in innerer Reifung erringt. Aber schon das Kind hat in den ersten Lebensjahren, dem Beginn seiner Biographie, eine individuelle Physiognomie. Hier offenbart sich schon sehr früh ein individuelles Wesen. Es prägt sich in der Konfiguration der mimischen Muskulatur aus. Diese Muskulatur ist aber – das ergibt sich aus dem Gang der bisherigen Betrachtung – eine Organisation der zweiten Stufe. Was ist die erste Stufe, aus der sie durch Umwandlung entstanden ist?

Wenn man sich vergegenwärtigt, daß sich an der Geistgestalt des Menschen nach dem Tode der Kopf und dann auch die Region der Brust auflösen, steht man zunächst vor einem Rätsel. Denn das, was sich vom Menschen mit den geistigen Kräften des Kosmos vereinigt, betrachtet man üblicherweise als die niedere Natur. Es sind ja vor allem die unter dem Zwerchfell liegenden Organe, zum Beispiel die Verdauungsorgane. Magen und Darm sind von einer besonderen Lebendigkeit. Sie werden schneller als die anderen Organe erneuert. Durch ihre Muskulatur befinden sie sich unentwegt in rhythmischer Bewegung. Ein Organ, in dem nur der Lebensleib bildend tätig ist, ist in der Regel nach außen ruhig.[13] Wenn ein Organ sich bewegt, dann ist der Lebensleib zumeist von höheren Kräften durchwirkt, die selbst innerlich dynamisch sind. Das sind vor allem die Kräfte des astralischen Leibes wie zum Beispiel das Begehren. Dieses betätigt sich in der Dynamik des Aufsaugens, des Sich-Vereinigens mit dem Aufgesogenen, im Erleben von Lust und Befriedigung an dem Aufgenommenen und so weiter. Wenn der astralische Leib mit seinem Begehren in den physisch-ätherischen Bereich übergeht, dann entstehen Magen und Darm mit ihrer beweglichen Muskulatur. Es bildet

[13] Das gilt für Organe wie zum Beispiel die Leber. Es kann aber der Ätherleib mit seinen rhythmisch verlaufenden Lebensprozessen so machtvoll in einem Organ wirken, daß auch der physische Leib vom Rhythmus ergriffen wird. Hierauf beruht das rhythmische Pulsieren von Lunge und Herz.

sich eine Organisation, die im Hunger (Begehren) Materie in sich aufnimmt, sie im Zusammenhang mit der peristaltischen Rhythmik verarbeitet, um sie ganz in sich aufzusaugen. Hier ist der astralische Leib nach innen, das heißt zur aufgenommenen Nahrung hin gerichtet.

Die in den Verdauungsorganen tätigen astralischen Kräfte stehen zu dem höheren Bereich des Astralleibes in Beziehung. So wird die Regsamkeit der Magen- und Darmmuskulatur immer auch von der Freude und Trauer, der Hoffnung, der Sorge, dem Mitgefühl, dem Ärger und so weiter beeinflußt. Diese Gefühle wirken fortwährend in den astralischen Leib der Verdauungsorgane hinein und modifizieren dabei die Regsamkeit der Muskulatur. Diese nimmt ständig die Regungen des höheren Seelenlebens in sich auf. Dadurch kommt die seelische Wesenheit des Menschen in einen Zusammenhang mit der Verdauungsorganisation.

Nach dem Tode trägt der Mensch die Kräfte, die in seinen Verdauungsorganen tätig waren, in die Sphären der geistigen Welt hinein. Sie weiten sich hier aus, und an dem Höhepunkt des Sich-Vereinigens mit den kosmischen Sphären kommt es zu jenem Umschlag, durch den der Mensch sich wieder der Erde zuzuwenden beginnt. Das bedeutet für die Kräfte, die die Muskulatur der Verdauungsorgane gebildet und sich mit ihnen vereinigt hatten, eine Umstülpung. In die Regsamkeit der Darmmuskulatur haben die Gefühle gleichsam von außen eingewirkt. Nun entsteht eine Organisation, in der das Seelische von innen nach außen wirkt. Und da die seelische Wesenheit in sich reich differenziert ist, wird das neue Organ sich unter dem Einfluß der verschiedenen Seelenregungen gliedern, aber wie die Seele selbst doch ein Ganzes bleiben. Auf diese Weise bildet sich die mimische Muskulatur mit Muskeln, in denen sich Freude, andere, in denen sich Trauer, in denen sich Staunen, Sorge, Ernst, Zweifel, Mißbehagen und so weiter äußern. Und in ihrer Ganzheit offenbart sich die Physiognomie.

Wenn in der Kindheit die Physiognomie immer ausdrucksvoller wird, dann manifestiert sich ein Seelenwesen, das aus einer tiefen Vergangenheit stammt. Der Blick in das Antlitz eines Kindes und Jugendlichen ist die Begegnung mit einem Menschen, der in einer umgearbeiteten Muskulatur sein inneres Wesen aus dem vergangenen Erdenleben zum Ausdruck bringt.

* * *

An den Kopf, die umgewandelte Leibesorganisation des früheren Erdenlebens, gliedern sich dann ein neuer Rumpf und neue Gliedmaßen an.[14] Das gehört nicht zum Thema dieser Darstellung. Man kann sich aber bewußtmachen, wie es auch im Bereich der verborgenen Wesensglieder Verwandlung gibt, die von einer ersten Stufe der Entwicklung zu einer zweiten Stufe führt. Was ist hier das Kennzeichen für einen ursprünglichen und für einen fortgeschrittenen Zustand?

In dem Buch «Die Geheimwissenschaft im Umriß» charakterisiert Rudolf Steiner in knappen Worten die Gesetzmäßigkeit, die jeglicher Entwicklung zugrunde liegt: «Darauf beruht ja alle Entwickelung, daß erst aus dem Leben der Umgebung selbständige Wesenheit sich absondert; dann in dem abgesonderten Wesen sich die Umgebung wie durch Spiegelung einprägt und dann dies abgesonderte Wesen sich selbständig weiter entwickelt.»[15]

Hier wäre also ein Wesen, das sich von der Umgebung bereits abgesondert hat (A). Von dem, was wesenhaft in der Umgebung lebt (W), entstehen wie durch Spiegelung in dem abgesonderten Wesen Eindrücke (s). Dieses Wesen kann sich aber nur selbständig weiterentwickeln, wenn das durch Spiegelung Aufgenommene ein eigenes inneres Leben entfaltet (l).

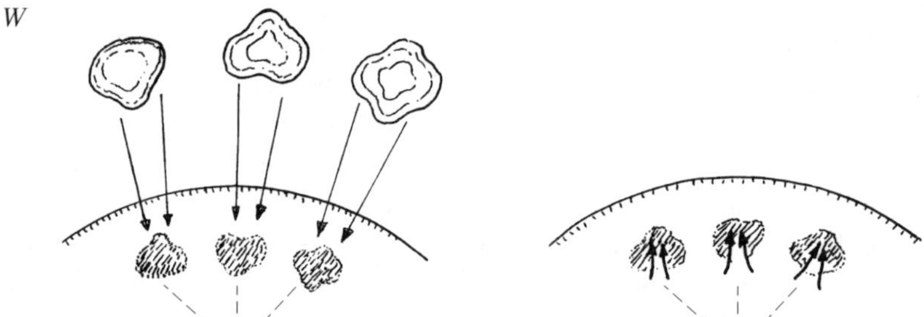

Man kann bei einiger Aufmerksamkeit bemerken, wie sich im Menschen solche Prozesse abspielen. In der Umgebung des Menschen ist die Natur mit ihren Wesen. Im Menschen entstehen Abdrücke von diesen Wesen in

---

14 Siehe hierzu zum Beispiel Rudolf Steiner, *Der übersinnliche Mensch, anthroposophisch erfaßt*, GA 231, Dornach 1962, S. 115ff.

15 Rudolf Steiner, *Die Geheimwissenschaft im Umriß*, GA 13, Dornach ^{30}1989, S. 191.

Form von Bildern, das heißt als eine Spiegelung. Die Vorstellungen sind solche Abdrücke im astralischen Leib des Menschen. Ein Mensch kann durch seinen Lebensumkreis und durch seinen Beruf eine große Anzahl solcher Vorstellungsbilder von Pflanzen gewinnen. Er hat dann ein reiches Wissen. Wenn man in das Wesen des Menschen etwas tiefer als gewöhnlich eindringt, entdeckt man, daß diese Bilder in einer bestimmten «Substanz» eingeprägt sind. Der Mensch hat nämlich außer seinen konkreten Vorstellungen ein bewegliches Vorstellen, in dem ein Bild sich in andere Bilder gesetzmäßig verwandelt. In diesem beweglichen Vorstellen geht das Bild einer bestimmten Pflanze in das Bild aller anderen Pflanzen über. Wenn nun durch die geschilderte Spiegelung im Menschen eine Vorstellung entsteht, dann gerinnt in den lebendig sich wandelnden Bildern ein bestimmtes Bild – wie wenn in einem fließenden Strom ein kleiner Teil der flüssigen Substanz erstarren würde. Das Wissen des Menschen besteht aus einer großen Anzahl solcher geronnenen Bilder.

Was geschieht, wenn diese durch Spiegelung entstandenen Bilder ein eigenes Leben entfalten? Dann lösen sie sich aus ihrer Erstarrung; es lebt in ihnen die Beweglichkeit des Vorstellens auf. Der Mensch wird fähig, die Bildungen der Pflanzenwelt mitzuvollziehen und dadurch bewußt in die Welt des Lebendigen einzudringen. Er gewinnt Einsicht in den inneren Zusammenhang der verschiedenen Pflanzenformen. Aus dem Wissen entsteht das Vermögen, beim Betrachten der Pflanzen die Gesetzmäßigkeiten innerhalb der Pflanzenwelt denkend zu erfassen. Das Wissen, das man erwirbt, ist die erste Stufe. Die Begabung für das Erkennen der gesetzmäßigen Zusammenhänge ist die zweite Stufe, das Resultat eines inneren Belebungsprozesses.

Im Laufe eines Erdenlebens vollzieht sich diese Umwandlung von Wissen in Begabung nur in seltenen Fällen und dann meist auch nur bei langanhaltendem Bemühen. Man kann aber beobachten, daß Kinder und Jugendliche für das eine oder andere Gebiet eine Begabung haben. Oft kündigt sich diese in einem besonderen Interesse für das betreffende Gebiet an. Hat ein Kind eine deutliche Begabung, dann darf man sich sagen: Ihr ist etwas vorausgegangen. In dem erwähnten Beispiel ist es das Kennenlernen der Tatsachen und ein umfangreiches Wissen.

Wenn ein Mensch Kenntnisse erwirbt, ist sein Ich beteiligt. Es entwickelt sich auch ein Interesse. Stirbt der Mensch, dann löst sich einige

Zeit nach dem Tode auch der astralische Leib weitgehend auf. Der Mensch nimmt seine irdisch geprägten Vorstellungen nicht in sein nachtodliches Leben mit, wohl aber in seinem Ich die innere Hinorientierung zu einem bestimmten Weltbereich. In den höheren Regionen des Geistes reift dann im Ich die Kraft, sich innerlich tätig mit diesem Gebiet zu verbinden. Diese Kraft trägt der Mensch in die folgende Inkarnation hinein und belebt mit ihr den neuen Astralleib. Das Ergebnis ist dann die Begabung.

Bemerkt man an einem Kinde eine Begabung, dann ist es, wie wenn man ahnend in eine Vergangenheit schaute. Denn durch die Begabung erfährt man etwas von dem Lebensumkreis dieses Menschen in dem vorangehenden Erdenleben.

* * *

Prozesse der Spiegelung und der inneren Belebung spielen sich nicht nur zwischen der äußeren Umgebung und dem astralischen Leib des Menschen ab, sondern auch innerhalb des Menschenwesens, zum Beispiel zwischen dem astralischen Leib und dem Lebensleib. Das kann in recht unterschiedlichen Lebenssituationen geschehen, wenn bestimmte Erlebnisse einen tieferen Eindruck auf einen Menschen ausüben. So kann es sein, daß ein Mensch im Laufe seines Lebens immer wieder der Welt des Religiösen begegnet. Er nimmt mit einer gewissen Regelmäßigkeit an einem Kultus teil. Die Worte und die Stimmung berühren ihn in einem Bereich seiner Seele, der tiefer ist als alles andere Erleben. Mit Anteilnahme betrachtet er Bilder, in denen Szenen aus dem Leben von Heiligen und dem Wirken des Religionsstifters dargestellt sind. Und von Zeit zu Zeit läßt er in stillen Stunden das alles wieder durch seine Seele ziehen.

Wenn die religiösen Gefühle und Stimmungen in seiner Seele aufleben, wirken sie unmittelbar in den Rhythmus des Atmens und den des Herzschlags hinein. Atemrhythmus und Puls sind unmittelbare Äußerungen des Ätherleibes, dessen Leben in Rhythmen und dem Zusammenklang der Rhythmen verläuft. Die religiösen Erlebnisse äußern sich in momentanen Veränderungen des Atem- und Herzrhythmus; sie spiegeln sich im Ätherleib. Diese Spiegelung führt aber nicht zu einer bleibenden Veränderung. Die religiösen Gefühle gehen nicht dauerhaft in die Rhythmen des Lebensleibes über, so daß diese sich innerlich neu konfigurieren.

Das geschieht ähnlich wie beim Astralleib erst, wenn sich der Lebensleib des Menschen kurze Zeit vor der nächsten Inkarnation neu bildet. Nach dem Tode war der Mensch mit den höheren, edleren Kräften seines astralischen Leibes in die schöpferische Welt des Geistes gelangt. Dort wurden diese Kräfte in der Hingabe an diese Welt in ihrer Wirksamkeit so gestärkt, daß sie intensiv in den neuen Lebensleib hineinwirken. Indem sie nun in dem fortdauernden Lebensgeschehen leben, werden sie zu einer bleibenden Eigenschaft, zu einer tiefen inneren Hinneigung zu allem wahrhaft Religiösen. Begegnet man einem Kinde, das in seiner Seele eine religiöse Grundstimmung hat, dann weiß man ähnlich wie bei einer Begabung etwas von dem vorangehenden Leben: daß dieses Kind eine starke Berührung mit der Welt des Religiösen hatte, die jetzt zu dieser inneren Hinneigung und Seelenstimmung gereift ist.

In dieser Weise sind die bleibenden Eigenschaften eines Kindes, zum Beispiel auch sein Charakter und sein Temperament, Früchte, deren Keime sich im vorangehenden Erdenleben gebildet hatten. Alle Eigenschaften eines Kindes, die die Eigenart des Gereiften haben und die das Kind nicht in seinem jetzigen Erdenleben durch Übung erworben hat, weisen auf ein vergangenes Erdenleben. Und man kann sich bei vielen dieser Eigenschaften ein ahnungshaftes Bild von den Erlebnissen machen, aus denen sie sich dann durch einen inneren Reifungsprozeß gebildet haben. In diesem Sinne werden Aussagen Rudolf Steiners über die karmischen Ursachen der Temperamente verständlich: «Das melancholische Temperament wird karmisch besonders dann hervorgerufen, wenn ein Mensch im vorhergehenden Leben gezwungen war, im kleinsten, engsten Kreis zu leben, viel für sich allein zu sein, immer nur sich mit sich selbst zu beschäftigen, so daß er kein Interesse für anderes in sich wecken konnte.»[16] Und ein cholerisches Temperament geht darauf zurück, daß der Mensch in seinem letzten Erdenleben «viel kennengelernt hat, ... mit vielen Dingen zusammengekommen ist und sie nicht bloß angeschaut hat» und daß «das vorige Leben [mit ihm] hart umgegangen ist. Wenn man ein angenehmes Leben ohne viel Kämpfe und Mühsale hatte, oder auch wenn man viel gesehen hat, an vielem vorbeigekommen ist, es aber nur

---

[16] Rudolf Steiner, *Vor dem Tore der Theosophie*, GA 95, Dornach 1978, S. 64. Ebenso die beiden folgenden Zitate.

angesehen hat» und diese Eigenarten des Erlebens zu bleibenden Eigenschaften werden, wird der Mensch ein Phlegmatiker oder Sanguiniker.

* * *

Es genügt heute nicht, die Aussagen Rudolf Steiners über Karma und Reinkarnation bloß aufzunehmen und zum Inhalt des Wissens zu machen. Man muß sie aufnehmen und dann erarbeiten. Dafür benötigt man eine bestimmte Eigenschaft des Denkens. Diese erringt man, wenn man sich wie Goethe bemüht, in jene Region einzudringen, wo man eine Bildung dadurch begreift, daß man in innerer Tätigkeit erfaßt, wie sie durch Verwandlung aus einer anderen Bildung entstanden ist. Durch das Studium von Metamorphosen kommt man aus der Welt der physischen Formen in die Welt des Werdens und zum Erfassen jener Gesetze, die hier herrschen. Das Denken wird ein tätiges Leben in sich metamorphosierenden Gestaltungen. Durch Intensivierung dieses Denkens dringt man in jene Region, wo man zum Beispiel die Pflanzen- und Tierwesen in ihrer geistigen Konfiguration kennenlernt. Dann erfaßt man auch, wie diese Wesen nicht mehr voneinander getrennt sind, sondern das eine sich als Ganzes in ein anderes verwandelt. Man kommt durch das reine Denken in die Region der lebendig schaffenden Ideen. Mit diesem Denken kann man nun in das Gebiet von Reinkarnation und Karma eindringen. Dadurch verbindet man sich als Lehrer mit jener tieferen Wirklichkeit, die in jedem Kind anwesend ist und aus der sein Wesen verständlich werden kann.

Bei diesen tiefen menschlichen Fragen ist man aufgerufen, die Kräfte des Verstehens immer stärker und umfassender auszubilden. Für dieses Bemühen gibt es ein Leitmotiv. Es liegt in folgendem Satz Rudolf Steiners: «... alle geisteswissenschaftlichen Resultate [können], wenn sie gefunden sind, auch durch das reine Denken nachgeprüft werden ...»[17]

Nur wenn man im reinen Denken zu diesem Prüfen kommt, gewinnt man ein freies, selbständiges Verhältnis zu den Tatsachen von Reinkarnation und Karma. Das ist das dem modernen Menschen angemessene Verhältnis – und es ist eine tiefere Verbindung mit den Gesetzen von Reinkarnation und Karma als durch das passive Verstehen oder durch Glaubensüberzeugung.

[17] Rudolf Steiner, *Anthroposophie, ihre Erkenntnisgaben und Lebensfrüchte*, GA 78, Dornach 1968, S. 148.

Pirkko Helakangas
Robert Thomas

Arbeit an der Schicksalsgemeinschaft in der Unter- und Oberstufe

In der Unterstufe (P.H.)

Zu Beginn des dritten Vortrags der *Allgemeinen Menschenkunde* sagt Rudolf Steiner, der gegenwärtige Lehrer müsse im Hintergrunde von allem, was er schulmäßig unternimmt, eine umfassende Anschauung über die Gesetze des Weltenalls haben. Weiter heißt es: «Es ist ja selbstverständlich, daß gerade der Unterricht in den unteren Klassen, in den unteren Stufen der Schule, einen Zusammenhang der Seele des Lehrenden mit den höchsten Ideen der Menschheit fordert.»[1] Mit diesen Worten haben wir lange gelebt; ich selber habe etwa zwanzig Jahre damit gelebt, und ich habe mich schon von Anfang an darüber gewundert und mich gefragt, was das eigentlich heißt.

Im weiteren Studium der Anthroposophie ist es mir von Jahr zu Jahr klarer geworden, daß es noch mehr Dinge gibt, die ich unter diesen Leitsatz stellen könnte. Immer wieder stieß ich auf Gebiete, von denen ich mir sagen mußte, daß sie eigentlich auch zu der umfassenden Anschauung über die Gesetze des Weltenalls gehören. Mit den großen Weltengesetzen von Wiederverkörperung und Karma geht es – sicher uns allen – wieder so. Sie scheinen den Weltengesetzen vielleicht sogar übergeordnet zu sein. Um die Weltengesetze ein wenig verstehen zu lernen, müssen wir viel Arbeit leisten.

Wenn wir von diesem Verständnis auch nur ein bißchen in die Erziehung einfließen lassen wollen, müssen wir uns ganz besonders um die

---

[1] Rudolf Steiner, *Allgemeine Menschenkunde als Grundlage der Pädagogik*, GA 293, Dornach [9]1992, Vortrag vom 23. August 1919.

Selbsterziehung bemühen, denn sonst bleibt alles nur ein Wissen und wird nicht ein Erlebnis für den Lehrenden. Heute genügt es nämlich nicht mehr, daß die Lehrerinnen und Lehrer gescheit sind, denn alle sind heute sehr gescheit. Das Wissen erlebt das Kind heute überall. Aber das, was der Mensch ist, was der wirkliche Mensch ist, das erlebt man in der Welt immer weniger. Und darauf kommt es an bei der Menschenbegegnung – erstens natürlich mit dem Kinde, dann natürlich auch mit Kollegen und Eltern und so weiter.

Wenn wir an die Begegnung mit dem Kind denken, müssen wir uns jeden Abend ein Bild von dem Kind machen. Erst haben wir vielleicht nur kleine Wahrnehmungen dafür zur Verfügung, vielleicht nur den äußeren Bau, die Augen, wie es uns die Hand gibt, die Haltung, bald vielleicht auch die Gebärden und die ihm eigene Mimik. Die Wahrnehmungen mehren sich von Tag zu Tag, unser Bild wird lebendiger und tiefer. Wenn wir dann wirklich anfangen, das Wesen des Kindes in innerer Bescheidenheit zu suchen, mit innerem Ernst, mit innerer Ehrfurcht, vielleicht auch nach den karmischen Zusammenhängen schauen – wenn wir in dieser Richtung arbeiten, dann kommen wir in eine tiefere Schicht.

Wenn wir genügend lange mit diesen Wahrnehmungsbildern leben, sie verändern und vertiefen, dann steigern sich unsere Bemühungen zu einer Meditation. Als Ergebnis bekommen wir pädagogische Einfälle, so daß wir in den täglichen Unterrichtssituationen manchmal im richtigen Moment das Richtige tun. Aber oft fängt auch eine andere Tätigkeit in uns an. Vielleicht beginnen Bilder von den Kindern der Klasse in uns aufzusteigen. Nun müssen wir herausfinden, um was es sich bei diesem Geschehen handelt. Es gibt Bilder, die sich einfach einstellen, wenn wir ein Kind beim Tun anschauen; zum Beispiel wenn ein Mädchen da sitzt, richtig genießerisch, die Augen halb geschlossen, und so aussieht, als ob es etwas ganz Feines und Süßes essen würde, dann sehe ich es möglicherweise auf einem Diwan liegen, in Haremskleidung und so weiter. Das ist vielleicht noch ein schönes Bild, aber ich muß ganz genau wissen, daß es sich nicht um ein Bild aus einer früheren Inkarnation handelt, sondern daß ich mir in meiner eigenen Seele so ein Bild mache. Es ist aus meiner Phantasie hervorgegangen, aus einer Stimmung, die mir entgegengekommen ist.

Wenn ich ein wirkliches imaginatives Bild habe, so ist es anders. Es ist wie ein Ort, der nicht ein Ort ist. Man träumt also nicht so dahin wie bei einem Stimmungsbild, sondern man weiß durch dieses imaginative Bild mehr als früher. Vielleicht hört man auch etwas, ein Wort, ein Tönen – aus einem großen Raum, der nicht ein Raum ist.

Einmal hat mir ein Kind etwas vorgezeigt, das zu einem Imaginationsbild gehörte. Es war nicht eine richtige Imagination, weil mir das Kind die Sache leibhaftig vorspielte: Ich hatte ein Kind im Förderunterricht, an das ich viel denken mußte und das mich immer wieder erstaunte. In meiner Abendmeditation begann ich mich dann zu fragen, woher so ein Kind überhaupt kommen kann. Es war dunkelhaarig, ziemlich groß, Drittkläßler, mit weichem Körper, Plattfüßen und etwas gebeugtem Gang. Es war ein moralisches Kind mit sensiblem Gewissen und war den anderen Menschen gegenüber lieb. Damals sprach es sehr undeutlich; nur die Klassenkameraden konnten es verstehen. Es konnte weder schreiben noch lesen und kannte nicht einmal alle Buchstaben. Wir haben dann angefangen mit dem Himmelsalphabet zu üben, indem wir die Konsonanten – dem Tierkreis entsprechend – in einem großen Kreis und die Vokale – als Planeten – in einem kleinen Kreis anordneten.

Die Buchstaben waren auf Karten geschrieben, von denen es für jeden Buchstaben eine größere Anzahl gab, weil die anderen Kinder auch damit geschrieben hatten, aber das Kind konnte das zu jenem Zeitpunkt noch nicht. Eines Tages holte das Kind die Karten hervor und fing an, sie zu zählen. Ich stand ein bißchen weiter hinten und beobachtete. Das Kind nahm die Kreide und schrieb auf die Tafel, wie viele Buchstaben vorhanden waren, und zwar spiegelbildlich, schön von rechts nach links. Ich war wie gebannt, konnte nichts machen oder sagen. Das Kind sah in meinen Augen plötzlich uralt aus, war gebeugt und murmelte monoton vor sich hin wie im Gebet. Das ging eine Zeitlang so weiter. Zum Schluß zeichnete es einen Sechsstern, und dann, in sein Gebet versunken, schrieb es in diesen hinein die Zahlen 3 und 7. Ich fühlte, daß mir jemand sagte: «Das ist ein Kabbalist.» Ich hatte damals keine Ahnung, was ein Kabbalist ist; inzwischen habe ich das geklärt.

Dann setzte das Kind sich hin und fragte vergnügt: «So, was soll ich schreiben?» – nicht ganz so klar, wie es hier steht, aber die Frage war gut verständlich. Ich war noch ziemlich verwirrt, und ohne etwas zu denken, sagte ich: «Ich bin Ich.» Und es antwortete: «O nein!» Das wolle es nicht schreiben. Es lachte herzlich, nahm die Kreide und schrieb dann in unserer gewohnten Schreibrichtung, also nicht spiegelverkehrt, in die Mitte der Tafel mit großer Schrift: «Ich bin Aleksi.» Ich war ziemlich erstaunt, weil es bis dahin keine Fähigkeiten im Schreiben gezeigt hatte; aber nachdem ich dieses Erlebnis in mir bewegt hatte, wußte ich gleich, was das Kind oder sein Engel durch es sagen wollte. Es wollte sagen: «Laß das Alte in Ruhe! Ich will in die Zukunft.» Danach war es natürlich viel leichter, mit ihm weiterzuarbeiten; ich wußte, in welche Richtung wir zu gehen hatten.

Wie sollen wir mit solchen Bildern oder Erlebnissen umgehen? Wir sollten sie nie einfach so hinnehmen, wir sollten sie immer prüfen und auch in Frage stellen. Auch sollten wir an einem solchen Bild nicht hängenbleiben, weil das alle Entwicklung hindert. Solche Bilder sind gut dazu, daß wir das Kind besser kennenlernen, vielleicht durch sie auch auf Ideen kommen, wie man weitermachen kann. Wir wollen ja das Kind in die Zukunft hinein unterrichten und nicht zurück in die Vergangenheit.

Auch im Klassenunterricht kann so etwas auftauchen: Ich habe mehrere Klassen hintereinander in dem Alter (etwa 11 Jahre) unterrichtet, in dem der Geschichtsunterricht anfängt. Dabei hatte ich die Möglichkeit zu sehen, zu welchem Zeitalter die Klasse eine Beziehung, ein Interesse hat. Ich unterrichtete eine Klasse, die ganz hingerissen war von Ägypten, die aber Griechenland überhaupt nicht interessierte und die sich dann mit einem leisen Seufzer der Erleichterung in die Römerzeit einlebte, insbesondere in die Geschehnisse der Geburt Christi. Damals beschäftigte es mich nicht, ob die Kinder in ihren früheren Leben Ägypter, Griechen oder Christen gewesen sind, aber diese Reaktionen gaben mir Richtung im Unterricht. Ich war den Impulsen gegenüber wacher, die in unserer Zeit das Ägyptische wieder hochkommen lassen, und ich achtete darauf, in welchen Formen das geschieht. Ich war auch wacher dem christlichen Impuls gegenüber und wußte, daß diese Klasse ihn sucht.

Eine andere Klasse zeigte überhaupt kein besonderes Interesse an Geschichte, bis wir zu Mohammed kamen. Da kam mir lebhafte Beteiligung entgegen, zum Beispiel sagte ein Kind: «Es gab zwölf Kalifen.» Ich antwortete: «Ja, ja!» Danach saßen sie alle wie in der Kirche und hörten zu. Ich bemerkte, daß ich jetzt auf merkwürdige Weise Erklärungen für die Eigenheiten dieser Klasse erhielt. Ich hatte verschiedene Fragen in bezug auf die Kinder mit mir herumgetragen, die sich mir erhellten, als ich sie vor dem Hintergrund des Arabismus anschaute. Ich fragte mich: «Was wollten die Araber denn eigentlich?» Die Antwort fand ich in Rudolf Steiners Vorträgen: Sie wollten nach Europa kommen. Danach unterrichtete ich die europäische Geschichte sorgfältiger als früher und nahm die Anfänge des Christentums hinzu. Ich hatte den Eindruck, daß ich damit eine gute Wirkung erzielte.

Ich freute mich richtiggehend, wenn sich in einer Unterrichtsstunde ein kleiner Knirps meldete und mir sagte: «Wir wollen gar keine Geschichte, wir wollen das, was heute ist!» Dann antwortete ich: «So – ja, das ist richtig» und ging auf die Frage etwas ein, aber so, daß wir zur Geschichte zurückkamen.

Die Kinder und wir sind mit verschiedenen Eigenschaften ausgestattet, die uns die dritte Hierarchie aus dem geistigen Kosmos heraus eingeschrieben hat. Wir kennen die großen Umstülpungen zwischen Kopf und Leib und wissen, wie das, was als astralische Äußerungen im Astralleib lebt – Freude, Schmerz und so weiter –, in der nächsten Inkarnation in unserem Ätherleib als eher bleibende Eigenschaft erscheint und wie diese bleibenden Eigenschaften des Ätherleibs dann in der nächsten Inkarnation im physischen Leibe als Disposition für dieses oder jenes auftreten, und wir haben vielleicht auch gelesen, daß das, was unser physischer Leib jetzt tut, was wir mit unserem Leib tun, uns als Wirkung, als physische Wirklichkeit in der nächsten Inkarnation von der Außenwelt entgegenkommt.

Rudolf Steiner spricht in den Karmavorträgen[2] von verschiedenen Eigenschaften, die karmisch einander folgen, zum Beispiel wie dem Menschen, der die anderen Menschen liebt, in der nächsten Inkarnation viel Freude von außen entgegenströmt und wie er im übernächsten Leben ein offenes Herz für die Welt hat, leicht die anderen Menschen verstehen kann, oder wie der Mensch, der andere Menschen haßt, Antipathie gegen andere fühlt, viel Leid in der nächsten Inkarnation empfinden muß und

---

[2] Rudolf Steiner, *Esoterische Betrachtungen karmischer Zusammenhänge*, Bände I–VI, GA 235–240, insbesondere GA 235, Dornach [8]1994, Vortrag vom 24. Februar 1924.

in der übernächsten Inkarnation an Torheit leidet, unbegabt ist. Er sagt uns auch, daß man diese Strömung pädagogisch ändern kann, daß wir die Kinder dazu bringen können, einander lieben zu lernen, einander Gutes zu tun, so daß die Torheit dann gemildert werden kann und der Mensch im späteren Leben doch auffassungsfähiger ist. Solche Verhältnisse, solche Eigenschaften zeigen sich im Verhalten der Klasse schon früh. Beim Spielen oder beim Schauspielen, beim täglichen Unterricht können wir dann Wege finden, wie die Kinder einander helfen können.

Wir müssen bedenken, daß es schwierig ist, zum Beispiel ein Antipathie- oder ein Haßgefühl, das sich zwischen Kindern äußert, zu ändern. Dabei habe ich immer das Gefühl: Da muß die Lehrerin, der Lehrer etwas lernen, sonst geht es gar nicht. Wir Erwachsenen können solche spontanen Gefühle über das Bewußtsein zu ändern versuchen, aber bei den Kindern ist das noch nicht möglich. Eine allgemeine Forderung wie «Wir sollen einander lieben» hilft nicht weiter. Das wissen wir alle. Diese Dinge müssen geübt werden. Selbsterziehung ist nötig. Wie lernt man denn jemanden lieben, gegen den man eine Antipathie hat? Man muß im Bewußtsein ganz aktiv werden, sich für den Menschen interessieren, so daß es nichts Interessanteres mehr in der Welt gibt als diesen Menschen. Alles, was wir uns bewußt gemacht haben, müssen wir im Fühlen bewegen. Dabei steigt Sympathie auf. Wir sehen plötzlich Dinge an dem Menschen, die uns eigentlich ganz lieb sind. Das weckt dann erst das wirkliche Interesse und führt letztlich nach wochenlangem Üben – oder noch länger – zum Verstehen des anderen Menschen.

Natürlich muß man sich immer wieder bemühen, bis es soweit ist und man eines Tages sagen kann: Ja, ich liebe diesen Menschen wirklich. Ein gutes Übungsfeld dafür ist natürlich das Lehrerkollegium. Denn erst, wenn ich meinen Willen dazu angeregt habe, daß ich einen mir antipathischen Kollegen oder gar – das kann auch vorkommen – ein Kind lieben gelernt habe, kann so etwas auch unter den Kindern gelingen. Ohne unser eigenes Üben ist es aussichtslos, weil die Kinder im Unterbewußtsein ein ausgeprägtes Sensorium dafür haben, wie es bei uns als Erziehern in dieser Hinsicht aussieht.

Schauen wir auf andere Eigenschaften, die Rudolf Steiner benannte, zum Beispiel die Lügenhaftigkeit, die im nächsten Leben zu physischer Hilflosigkeit führt, so haben wir ein starkes Motiv, dem Kind Wahrheitsliebe beibringen zu wollen. Was das für die Selbsterziehung des Lehrers bedeutet, ist zu erahnen. Oder betrachten wir den Neid, der sich auch als Kritik- oder Tadelsucht äußern kann: Da kommt es wieder auf die Liebe an, auf das innere Wohlwollen dem Kinde gegenüber, und das ist etwas, das auch unter uns Erwachsenen wohltuende Wirkungen zeitigt.

Auch die verschiedenen Fächer, die wir unterrichten, können wir durch karmische Gesichtspunkte besser verstehen lernen. Rudolf Steiner gibt schon im ersten Karmaband wichtige Hinweise auf verschiedene Fächer und wozu es führt, wenn man sie nicht gut unterrichtet. Als grundlegenden Zusammenhang führt er aus, daß das seelisch-geistige Interesse für die sichtbare Welt zur Gesundheitsanlage eines nächsten Lebens wird.[3] Das ist elementar für uns Lehrer. Das müssen wir jeden Tag fördern können, denn wenn ein Kind stumpf bleibt gegenüber der sichtbaren Welt, wird es im Nachtodlichen Hindernissen gegenüberstehen. Es bleibt den geistigen Wesen gegenüber fremd, die es lehren und ihm helfen können; es bleibt zwischen Tod und neuer Geburt den anderen Menschenseelen gegenüber fremd. Und es muß sich für das nächste Leben Schmerz, einen erkrankten Leib zum Ausgleich wünschen. Das sind die großen, elementaren Zusammenhänge, die von uns Lehrern viel Übung fordern, damit wir ein seelisch-geistiges Interesse in der Klasse erregen können.

In denselben Vorträgen erwähnte Rudolf Steiner auch, daß Interesse für Malerei, für gute Bilder zu einem sympathischen Gesichtsausdruck führe. Oder: Wenn man kein Interesse für Musikalisches habe, könne man im nächsten Leben asthmatisch werden, unter Lungenkrankheiten leiden. Wenn man kein Interesse an Sternen zeige, werde man schlaff, kraftlos am Körper. Solche Hinweise finden wir in Rudolf Steiners Vorträgen, und wir müssen lernen, sie zu beachten und zu bearbeiten.

Und schließlich: Warum unterrichten und erziehen wir im Hinblick auf das Karma? Warum ist es so wichtig, daß dies in der Welt heute auch anerkannt wird? Damit die himmlische Ordnung auf der Erde wieder herrschen kann, damit es auf Erden so wird wie in den Himmeln. Wir zielen auf die Zeit hin, wo man sich nicht mehr inkarniert, weil alles wieder da ist, vereint im Menschen.

---

[3] Rudolf Steiner, *Esoterische Betrachtungen karmischer Zusammenhänge*, Band I, GA 235, Dornach [8]1994, Vortrag vom 1. März 1924.

Arbeit an der Schicksalsgemeinschaft der Oberstufe (R.T.)

Mit diesem Beitrag möchte ich auf die Oberstufensituation der neunziger Jahre und auf die Karma-Wirklichkeit hinweisen. Es handelt sich darum, die tägliche pädagogische Arbeit mit dieser Karma-Wirklichkeit zu verbinden.

Gehen wir von der Anschauung aus, daß der Mensch durch Erdenleben hindurch Erfahrungen macht, die in der geschichtlichen Entwicklung zunehmend individualisiert werden. Das Schicksal ist einmalig und ganz eigen. Ein persönliches Schicksal läßt sich jedoch mit anderen vergleichen, weil sich in dieser individuellen karmischen Situation Weltgesetzmäßigkeiten abspielen. Da treten komplexe Wechselwirkungen auf: Der Werdegang einer Individualität verbindet sich mit einer Sprache, einem Volk und einer Zeit. Sprachkarma, Volkskarma, Zeitkarma und noch andere Qualitäten der Menschenkunde bilden eine kompakte Einheit um die Menschenseele herum.

Alles, was sozusagen um uns gruppiert ist, macht uns am Ende des 20. Jahrhunderts zu etwas, was man moderne Zeitgenossenschaft nennen kann. Dabei müssen wir *lernen*, mit diesen karmischen Notwendigkeiten umzugehen. Das Hauptmotiv dieser Darstellung ist: Wie kann an der Oberstufe der Rudolf Steiner Schule, der Waldorfschule, dieser Tatbestand berücksichtigt werden?

Zunächst stellen wir folgendes fest: Unser Verhältnis zur Welt hat sich im Lauf der letzten Jahrzehnte dieses Jahrhunderts drastisch verändert. Es ist geradezu eine Banalität, zu sagen, daß unsere Beziehung zur Natur längst nicht mehr unschuldig ist. Der Umgang mit dem Mineralreich ist seit etwa hundert Jahren stark belastet, weil der Mensch künstliche Radioaktivität herstellt. Wir wissen, daß jährlich mehrere Pflanzenarten endgültig verschwinden oder in ihrem Grundwesen genetisch manipuliert werden. Man fragt sogar nach den Überlebenschancen der Wälder. Die Existenz der Tiere wird durch unser tägliches Leben, durch die sogenannte Ernährungsproduktion und dadurch hervorgerufene Krankheiten beeinträchtigt. Wir vergewaltigen Naturprozesse aus rein wirtschaftlichen Gründen, wir verfügen mit Macht über das Mineral-, Pflanzen- und Tierreich: Ihre Zukunft hängt hauptsächlich von uns ab.

In diese verwickelten Verhältnisse der Gegenwart hinein gab Rudolf Steiner eine wichtige Erkenntnis bekannt. Als Ergebnis seiner Geistesforschung führte er aus, daß sich seit dem 15. Jahrhundert, in zunehmendem Maß in unserer Zeit, das Verhältnis zur uns am nächsten liegenden geistigen Umwelt drastisch verändert hat.[4] Diese Umwelt besteht aus geistigen Wesenheiten der dritten Hierarchie: den Engeln, Erzengeln und Zeitgeistern. Sie haben das schöpferische Interesse an der Gestaltung der physischen Organisation des Menschen verloren. Dies bedeutet, daß ein «Sich-Zurückziehen» dieser Wesenheiten aus der Bildungstätigkeit des Menschlichen stattgefunden hat. Das heißt auch, daß die Menschheit der Gegenwart nicht mehr von geistigen Wesen begleitet wird. Hierdurch ist die Leiblichkeit des Menschen nicht mehr «beseelt» und durchdrungen von der geistigen Welt. Die instinktive Genialität des Leibesorganismus, die durch Jahrtausende hindurch mitgewirkt und die Menschen impulsiert hat, ist nicht mehr gewährleistet; sie ist verschwunden. Es kommt nicht mehr von unten, was das Seelenleben reich, farbig, lebendig und vielgestaltig macht. Deswegen können wir heute von einem abstrakten Seelenleben sprechen und dieses auch überall beobachten. Die letzte Konsequenz dieser kosmischen Veränderung ist, daß es jetzt, in der Gegenwart, nur auf das Seelisch-Geistige ankommt. Wir sind angewiesen, rein aus diesem Bereich heraus zu handeln, wenn wir uns der Zukunft zuwenden. Wir dürfen nicht mehr hoffen oder damit rechnen, daß aus der Leiblichkeit, welche früher die latente, instinktive Genialität der Vergangenheit getragen hat, etwas Positives geschehen kann. Wir sind aufgerufen, voll und ganz mit den seelischen und geistigen Begabungen des Menschen zu arbeiten. Das ist die allgemeine Situation unserer Zeit, oder anders gesagt: In diesem kosmischen Werdegang entsteht die moderne Freiheit.

Wenn wir die menschenkundliche Lage der Oberstufe anschauen, so läßt sich zunächst ein Dreifaches beobachten: Das erste, das wir direkt

---

[4] Rudolf Steiner, *Der innere Aspekt des sozialen Rätsels*, GA 193, Dornach [4]1989, Vortrag vom 12. September 1919.

vom Unterricht her erfahren oder Berichten in der Konferenz entnehmen können, ist die unruhige Situation der achten und neunten Klassen. Die Krisen, denen wir dort begegnen, sind Ausdruck des geheimnisvollen Geburtsvorgangs der Geschlechtsreife. Rudolf Steiner hat für die Beschreibung dieses Phänomens ein bezeichnendes Verb benützt: «Er [der Mensch] wird gewissermaßen mit der Geschlechtsreife tatsächlich aus der geistig-seelischen Welt *herausgeworfen.*»[5] So charakterisiert er die Geburt des Astralleibes. Was bedeutet es, daß die Seele des Menschen *herausgeworfen* ist aus der geistigen Welt? Es heißt, daß die 14-, 15jährigen plötzlich herausgestellt sind; sie sind nicht mehr selbstverständlich eingebettet in natürliche Zusammenhänge, sie sind gewissermaßen an die Peripherie geschickt, also erdenreif. Die Einsamkeit, das Ergebnis eines kosmischen Seelendramas, beginnt persönlich zu werden. Die Heimatlosigkeit fängt an: weg vom Ursprung, näher zum Tod.

Für das zweite liegen die Darstellungen Rudolf Steiners vom Mai 1922 vor: Er schildert, wie mit der Geschlechtsreife etwas ganz Neues in der menschlichen Konstitution auftaucht: ein Zentrum, das vorher nicht da war. Das Herz des Menschen bildet erst mit der Erdenreife den Mittelpunkt der Persönlichkeit: Im Herzbereich fallen die alten Kräfte in sich zusammen, und die Grundlage wird bereitet, auf der die Verbindung des Kosmischen mit dem Persönlichen erneuert wird. Dadurch entsteht ein neues Organ auf der Erde für diese Inkarnation: ein Organ für das Karma. Das Karma wird individualisiert, persönlich erlebt. «Das richtige Bilden des Karmas geschieht eben erst von dem Momente an, wo das astralische Herz in das ätherische Herz voll eingreift.»[6] Dieser Vorgang vollzieht sich in den ersten Jahren der Oberstufenzeit.

Wir haben nun zwei Situationen hervorgehoben: einerseits das Herausgeworfensein aus der geistigen Welt, das An-die-Peripherie-geschickt-Sein, andererseits die Bildung eines einsamen Zentrums für die Individualität. In diesem Spannungsfeld erkennen wir den Hintergrund der menschenkundlichen Seite der Oberstufe.

---

5 Rudolf Steiner, *Die gesunde Entwickelung des Menschenwesens*, GA 303, Dornach [4]1987, Vortrag vom 4. Januar 1922.

6 Rudolf Steiner, *Menschliches Seelenleben und Geistesstreben im Zusammenhange mit Welt- und Erdenentwickelung*, GA 212, Dornach 1978, Vortrag vom 26. Mai 1922.

Es kommt aber ein drittes hinzu, das ich noch gerne einbeziehen möchte: Rudolf Steiner hat deutlich hervorgehoben: Wenn ganz bestimmte Kräfte leibfrei werden, können diese Kräfte in Erkenntniskräfte umgewandelt werden. Er spricht dabei von den imaginativen, intuitiven und inspirativen Kräften. Alles dies wird unmittelbar in der Zeit der Schulgründung in Stuttgart beschrieben. Er führt dazu aus: «Die Kräfte, die in der Intuition, in der intuitiven Erkenntnis angewendet werden, sind dieselben Kräfte, mit denen man bis zum siebenten Jahre so wächst, daß dieses Wachsen seinen Ausdruck findet im Zahnwechsel. Diese schlafenden Kräfte, die bis zum siebenten Jahr tätig sind in der Menschennatur, die benützt man in der übersinnlichen Erkenntnis, um zur Intuition zu kommen. Die Kräfte wiederum, die vom siebenten bis zum vierzehnten Jahre, bis zur Geschlechtsreife tätig sind und dann schlafen gehen, drunten in der Menschennatur ruhen, die werden heraufgeholt und bilden die Kraft der Inspiration.» Und nun kommt eine unerwartete Aussage: «Und diejenigen Kräfte, welche in früheren Zeiten den Menschen vom vierzehnten bis zum einundzwanzigsten Jahre die jugendlichen Ideale eingegeben haben – es wäre zuviel behauptet, daß sie das jetzt noch tun – und Organe geschaffen haben im physischen Leib für diese jugendlichen Ideale, das sind dieselben Kräfte, die dann aus ihrem schlafenden Zustand hervorgeholt werden und die Imagination bewirken können.»[7]

Ein gewisser Zusammenhang scheint zu bestehen zwischen jugendlichen Idealen, die nicht auftauchen können – «es wäre zuviel behauptet, daß sie das jetzt noch tun» (1919!) –, und den imaginativen Kräften des Erkenntnisschülers, des Lehrers. Die Frage nach dieser Verknüpfung kann uns eventuell weiterbringen. Ist es tatsächlich so, daß die mangelnden geistigen Ideale – nicht die materialistischen Ideale, die heute überall wuchern – mit den noch nicht stark genug entwickelten imaginativen Erkenntnissen in einem inneren Zusammenhang stehen? Liegt hier nicht eine große Aufgabe mit pädagogischen Konsequenzen vor? Statt das klischeeartige Klagelied zu wiederholen, die Jugendlichen seien heute besonders schwierig, sollten wir genau prüfen, inwiefern die Führung der Oberstufe mit imaginativen Erkenntnissen zu durchdringen ist.

---

[7] Rudolf Steiner, *Soziales Verständnis aus geisteswissenschaftlicher Erkenntnis,* GA 191, Dornach ³1989, Vortrag vom 4. Oktober 1919.

Wie können wir die Arbeitsmethodik der Oberstufe in diese Richtung lenken? Wir stehen ganz am Anfang von großen Aufgaben, die bis jetzt noch nicht kräftig und systematisch genug bearbeitet worden sind. Verlangen nicht unsere heutigen Oberstufenschüler mehr Phantasie, mehr Erfrischung im Unterricht? Wie ist die Erneuerung der Erkenntnis in allen Fächern? Wie steht es mit der Eurythmie und der Sprachgestaltung? Ermessen wir nicht die Qualität einer Oberstufe an dem Gesprächsvermögen der Lehrer? Wie lebendig und undogmatisch ist die religiöse Erziehung?

Das Herausgeworfensein aus der geistigen Welt und die Bildung einer neuen karmischen Heimat im Herzen des Menschen ist ein menschenkundliches Drama der Erdenreife, besonders zugespitzt zu beobachten in der materialistisch geprägten Zeit am Ende des 20. Jahrhunderts. Ohnmacht der Jugendlichen, Ohnmacht des Intellekts, Ohnmacht des Willens charakterisieren oft zahlreiche Zustände in der Oberstufe.

Nun möchte ich auf eine konkrete Situation hinweisen, die dokumentiert, was soeben dargelegt worden ist. Als Betreuer einer neunten Klasse bekam ich eines Tages einen Brief, der von einem Jüngling verfaßt war. Unterschrieben war er mit: «Es grüsst die Klasse 9b.»

«Sehr geehrte Erwachsene!
Wie ich mich im Moment fühle, kann ich nicht einfach so in zwei oder drei Worten sagen; ich fühle mich ausgelaugt und unterdrückt. Die heutige Gesellschaft unterdrückt die Jugend. Alles, was wir aufbauen wollen, wird vernichtet und zerstört. Wir haben keine Zeit mehr für uns selbst, keine Zeit mehr, uns selbst zu finden. Wir gehen uns selbst verloren. Ihr habt das Gefühl, wenn man uns beschäftige, gäbe es keine Probleme mehr. Das Gegenteil wird bewirkt. Wir haben keine Zeit mehr zum Zeichnen, etwas mit Freundinnen und Freunden zu unternehmen; daher greifen viele von uns zu Drogen – eine Abreagierung! Alles scheint schön; man ist ganz nah bei sich, mit sich vereint, doch so schnell läßt das kurze Glück nach, man kommt zu schnell auf den Boden der Tatsachen zurück. Darum möchten wir ein Lehrer-Schüler-Gespräch vereinbaren, um gemeinsam unsere Zukunft zu besprechen.»

Hier haben wir die radikale Äußerung eines 15jährigen vor uns. Lassen wir die psychologische Interpretation und die Syntax beiseite! In dieser neunten Klasse lebte stark das Bedürfnis, den Erwachsenen, der Lehrer- und Elternschaft, mit einem gewissen *Gleichheitsgefühl*, also von Mensch zu Mensch zu begegnen. Der Jugendliche hat dies sehr gut formuliert: Er hat uns mit Respekt angesprochen, dann auch mit Kritik, um zu prüfen, ob wir die Schüler wirklich wahrgenommen haben. Die routinehafte Begegnung im Unterricht ohne imaginative Dimension ist eine pädagogische Misere. Nehmen wir uns wirklich wahr? Das ist die erste Frage dieses Briefes. Das ganz Zarte in mir, das ich in meinem Herzen erahne, muß von Menschen gesehen werden, sonst droht die Gefahr, daß ich es selber verpasse, dieses erneut wahrzunehmen. Das Göttliche im Menschen darf nicht theoretisch, sondern muß ganz praktisch, täglich berücksichtigt werden.

Das zweite, das in diesem Brief mehrmals zum Ausdruck kommt, ist der Wunsch nach einer Gemeinschaft: das Wir. Die Solidarität mit denen, die zu den Drogen greifen müssen, oder das Mitgefühl einer Schülerin für das, was sich in der Stadt oder im fernen Afrika abspielt, ist oft stark vorhanden. Wie können wir hier glücklich sein, wenn Menschen irgendwo anders unglücklich sind? Dies ist ein Weltinteresse, das nicht aus dem Kopf heraus kommt, sondern aus der Empfindung.

Das dritte – es hat vielleicht sogar das Schreiben dieses Briefes verursacht – muß uns beschäftigen: Die Schüler ertragen die Aussage nicht mehr: «Das Kollegium ...» oder «Der Lehrer hat gesagt», weil sie mehr Klarheit fordern. Jede Individualität in der Klasse will wahrnehmen, was geistig selbständig von dem erkenntnissuchenden Lehrer erworben worden ist. Sie lechzen nach autonom gegründeten Urteilen; sie sind der Meinungen überdrüssig, die man übernommen hat, weil eine unsichtbare Autorität (Jesuitismus) im Hintergrund waltet. Sie möchten ganz konkreter und direkter geistiger Selbständigkeit begegnen, also vielleicht in der Form einer imaginativen Erkenntnis.

Diese drei Aspekte der Erwartungen wollen kräftiger erarbeitet werden. Wir können aber wiedererkennen, was Rudolf Steiner in Zürich einmal sehr deutlich dargestellt hat.[8] Er schildert, wie in unseren Astralleibern Bilder, die entstehen und verschwinden, entworfen werden. Diese

---

8 Siehe Rudolf Steiner, *Der Tod als Lebenswandlung*, GA 182, Dornach [4]1996, Vortrag vom 9. Oktober 1919.

lebendigen Bilder tragen Ideale, zukünftige Wirklichkeiten in sich. Das eine Bildideal ist eine zukünftige Fähigkeit: das Göttliche im Menschen wahrnehmen zu können. Wir gehen einem Zeitalter entgegen, in welchem die direkte, unmittelbare Begegnung im anderen eine Realität wird. Sie ist vorläufig latent im Astralleib und benötigt unsere Aufmerksamkeit. Ein anderes Bildideal hat mit der Brüderlichkeit zu tun: das Glücksgefühl, das radikal auf den anderen gerichtet wird, das Glücksgefühl, das sich unabhängig vom eigenen Wohl der Menschheit zuwendet. Das dritte Bildideal, das der Engel in diesem 20. Jahrhundert im Astralleib veranlaßt und gestaltet, ist die Fähigkeit, im Denken selbständige Geisterfahrungen zu machen. Das ist, was heute in Erscheinung treten will, aber noch nicht in Erscheinung tritt. Die Infiltration und die Angriffe des Bösen in verschiedenen Formen nehmen zu und gefährden mit gewaltiger Kraft die Qualität des Jugend-Seins von Generationen erdenreifer Menschen.

Unsere Oberstufe stellt uns eine Aufgabe, für die wir die Verantwortung übernehmen müssen. Es geht um die bevorstehende Prüfung der Pädagogik in unserer Zeit: Jugendideale nicht nur zu ermöglichen, nicht nur zu fördern, nicht nur zu unterstützen, sondern Jugendideale selbständig und imaginativ wahrnehmen zu können. Dafür sind viele methodisch-didaktische Instrumente notwendig, aber wenn es uns gelingen würde, mehr Willen in die Wahrnehmungen zu schicken, dann würden wir unsere Oberstufe weiterbringen.

Wir sitzen mit unseren Schülerinnen und Schülern im selben Boot, wir gehören karmisch zusammen; wir können auch die karmische Gegebenheit ergreifen. Zwischen Peripherie und Zentrum, zwischen Ideal und imaginativer Erkenntnis, zwischen den Jugendlichen und den Erwachsenen sind wir berufen, *Verbindlichkeit* herzustellen. Verbindlichkeit der Menschen untereinander, gestiftet aus dem selbständigen Erkennen der karmischen Dimension, muß die Zukunft der Erziehungskunst entscheidend prägen.

Wann treffe ich mein höheres Ich? Verpassen?

Anne Tandree
Martyn Rawson

Karmische Elemente in der Arbeit des Kollegiums

Ein Dialog[1]

Martyn Rawson:
Wir müssen heute versuchen, in der Zusammenarbeit der Kolleginnen und Kollegen die Karmaidee einzubeziehen und aus dem, was wir sind und was wir mitbringen, ein Gefäß zu bilden, in dem sich Zukünftiges gestalten kann. Es ist unvermeidlich, daß wir auch Selbstverständliches sagen; selbstverständlich ist es, weil es unseren direkten Erfahrungen entstammt. Durch unseren Beitrag möchten wir eine Reihe hoffentlich aktueller Fragen aufwerfen.

Anne Tandree:
Als ich mit der Idee unseres gemeinsamen Beitrages konfrontiert wurde, mußte ich mich allerdings fragen, was für eine Art von Unterhaltung das werden sollte. Können zwei Menschen bei einem solchen Anlaß mehr geben als einer? Die Antwort muß ich schuldig bleiben, vielleicht ergibt sie sich im Lauf unseres Beitrags. Aber ich möchte ein Bild vor Sie hinstellen. Ich hatte vor kurzem das Glück, eine Konzertreihe mit allen Violinsonaten von Beethoven zu hören. Nachdem ich mich auf die beiden Instrumente und die Interpreten eingestellt hatte und in die Dynamik des Spiels eingestiegen war, wurde es mir klar, daß hier eine Möglichkeit für uns liegt. In keinem Moment wird die Melodie von der Geige oder dem Klavier allein durch die Sonate getragen. Es gab keine Situation, in der ein Instrument allein das Thema vortrug, während das andere dieses nur begleitete oder ausschmückte. In schönster Weise konnte ich erleben,

[1] Aus dem Englischen von Beat Brodbeck.

wie beide Instrumente ein Thema gestalteten und in einer Weise damit spielten, daß die Geige damit davonspringen konnte und von ihrem Gefährten wieder eingefangen wurde. Das Klavier konnte die Geige anhalten und daraus ergab sich eine Frage.

Da Martyn Rawson und ich einen unterschiedlichen Werdegang hinter uns haben, an verschiedenen Schulen arbeiten und andersgeartete Persönlichkeiten sind, hoffe ich, daß wir ein unterschiedliches Tempo anschlagen und dadurch eine Dynamik entsteht, die Ihnen eine neue Sicht auf ein Thema vermittelt, an dem viele von Ihnen schon lange Zeit arbeiten und mit dem wir alle täglich ringen.

Martyn Rawson:
Wir möchten mit einem grundlegenden Bild für die Bedeutung kollegialer Zusammenarbeit beginnen, mit einem Bild, das Rudolf Steiner in Nordengland, im 13. Vortrag des sogenannten «Ilkley-Kurses», gab. Er sprach über die Aufgabe der Lehrerkonferenzen: «Diese Schulkonferenzen sind eigentlich die fortlaufende lebendige Hochschule für das Lehrerkollegium. Sie sind das fortdauernde Seminar ... Alle die Erfahrungen, alle die Erkenntnisse, die gewonnen werden in der Handhabung des Unterrichts [sollen mit dem ganzen Lehrerkollegium] in den Konferenzen ausgetauscht werden. So daß das Lehrerkollegium wirklich innerlich geistig-seelisch ein Ganzes ist, daß jeder weiß, was der andere macht, was der andere für Erfahrungen gemacht hat, inwiefern der andere weitergekommen ist durch dasjenige, was er in der Klasse mit den Kindern erlebt hat. So gestaltet sich das Lehrerkollegium wirklich zu einem Zentralorgan, von dem das ganze Blut der Unterrichtspraxis ausgehen kann, und der Lehrer hält sich dadurch frisch und lebendig.»[2]

Wir haben also dieses Bild des Lehrerkollegiums, der Lehrerkonferenz als Herzorgan. Betrachten wir die anthroposophische Schulbewegung, so finden wir in den Schulen eine Vielfalt von Formen. Was ist ihnen aber gemeinsam? Um dies herauszufinden, schauen wir uns die erste Waldorfschule an.

---

[2] Rudolf Steiner, *Gegenwärtiges Geistesleben und Erziehung,* GA 307, Dornach [5]1986, Vortrag vom 17. August 1923.

Anne Tandree:
Wir müssen bedenken, daß die erste Waldorfschule aus der Bewegung für die Dreigliederung des sozialen Organismus heraus gegründet wurde, was bedeutet, daß die sozialen und administrativen Strukturen auf den Funktionsprinzipien der sozialen Dreigliederung beruhen. Das heißt *Freiheit* in der geistigen und kulturellen Tätigkeit, *Gleichheit,* Gerechtigkeit und Transparenz im sozialen und administrativ-organisatorischen Bereich und eine Atmosphäre der *Brüderlichkeit* und gegenseitigen Hilfe in der Arbeit. Bei uns Lehrern ist das Gebiet der wirtschaftlichen Aktivität im Klassenzimmer, wo wir unsere Arbeit verrichten.

Martyn Rawson:
So könnten wir sagen: Eine Waldorfschule kann eigentlich nicht voll als solche anerkannt werden, wenn diese Prinzipien in ihren sozialen Strukturen und im Verhältnis zwischen Lehrern, Eltern, Schülern und sonstigen Menschen im Umkreis der Schule nicht lebendig sind – sowenig wir einer Schule den Namen Waldorfschule zubilligen würden, wenn sie nicht nach dem Waldorflehrplan arbeitete. Für den Fall, daß dies etwas dogmatisch oder zu idealistisch klingt, füge ich eine Äußerung hinzu, die man von einem mir sehr lieben Kollegen, Herrn Esterl, oft hören kann: «Wir *sind* eben keine Waldorfschule, wir können nur Waldorfschule *werden.*»

Anne Tandree:
Kehren wir zu dem Bild zurück, das Martyn Rawson am Anfang erwähnte. Ich möchte dazu etwas aus der Ansprache zitieren, die Rudolf Steiner am Abend vor Beginn des Schulungskurses für Lehrer anläßlich der Begründung der Freien Waldorfschule in Stuttgart gehalten hat: «Deshalb werden wir die Schule nicht regierungsgemäß, sondern verwaltungsgemäß einrichten und sie republikanisch verwalten. In einer wirklichen Lehrer-Republik werden wir nicht hinter uns haben Ruhekissen, Verordnungen, die vom Rektorat kommen, sondern wir müssen hineintragen [in uns tragen] dasjenige, was uns die Möglichkeit gibt, was jedem von uns die volle Verantwortung gibt für das, was wir zu tun haben. Jeder muß selbst voll verantwortlich sein. Ersatz für eine Rektoratsleitung wird geschaffen werden können dadurch, daß wir diesen Vor-

bereitungskurs einrichten und hier dasjenige arbeitend aufnehmen, was die Schule zur Einheit macht. Wir werden uns das Einheitliche erarbeiten durch den Kurs, wenn wir recht ernstlich arbeiten.»[3]

Dies sagte Rudolf Steiner am 20. August 1919, unmittelbar bevor er seinen ersten Lehrerkurs begann und sich die erste Gruppe von Lehrern versammelte. Als erster Punkt wird festgehalten, wir sollen, anstatt uns nach einem Rektor zu richten, unseren individuellen Beitrag leisten und volle Verantwortung für unser Tun übernehmen.

Martyn Rawson:
Als zweiter Punkt wird dort gesagt, die Grundlage für alle administrative, pädagogische und organisatorische Tätigkeit sei die Arbeit mit dem erwähnten Schulungskurs für Lehrer, den Vorträgen *Allgemeine Menschenkunde* und den anderen Kursen, die an diesen Tagen gegeben wurden.[4]

Anne Tandree:
Eine echte Unterrichtsgemeinschaft wird also durch eine aktive Teilnahme an dieser Substanz begründet. Damit verbindet uns ein gemeinsames Ziel. Nachdem Rudolf Steiner die Gruppe von Gründungslehrern versammelt hatte, eröffnete er den Kurs am 21. August mit einer Imagination.[5] In dieser brachte er die Notwendigkeit zum Ausdruck, daß die Lehrer sowohl als Individualitäten wie auch als Gruppe «die Verbindung mit den geistigen Mächten, in deren Auftrag und deren Mandat jeder einzelne von uns gewissermaßen wird arbeiten müssen, herstellen»[6].

---

3 Rudolf Steiner, *Allgemeine Menschenkunde als Grundlage der Pädagogik,* GA 293, Dornach 9 1992, Ansprache vom 20. August 1919.

4 Rudolf Steiner, *Erziehungskunst. Methodisch-Didaktisches,* GA 294, Dornach 6 1990; ders., *Erziehungskunst. Seminarbesprechungen und Lehrplanvorträge,* GA 295, Dornach 4 1984.

5 Siehe Rudolf Steiner, *Ritualtexte für die Feiern des freien christlichen Religionsunterrichtes und das Spruchgut für die Lehrer und Schüler der Waldorfschule,* GA 269, Dornach 1997, S.155.

6 Rudolf Steiner, *Allgemeine Menschenkunde als Grundlage der Pädagogik,* GA 293, Dornach 9 1992, Vortrag vom 21. August 1919.

Martyn Rawson:
Und diese Form der Fürbitte, die uns gegeben wurde und die wir als «Gründungsimagination» bezeichnen können, ist nicht nur ein Instrument zur kollektiven Meditation – die eine unübliche Form darstellt –, um ein Gefäß für die Imagination, Inspiration und Intuition zu schaffen, sondern auch ein Wegweiser, ein methodischer Wegweiser, der uns zeigt, wie wir zusammenarbeiten sollen.

Anne Tandree:
So zeigt uns diese Imagination, wie der Lehrer als Individuum arbeitet und sich täglich bemüht, seinem höheren Ich Ausdruck zu verleihen. Dann zeigt sie uns, wie die Gruppe arbeitet, wenn die Arbeit der Gruppe mehr sein soll als die Summe ihrer Teile, und schließlich, wie jedes Organ der Schule mit dem Ganzen harmoniert und wie der Organismus als ganzer mit dem Zeitgeist harmoniert.

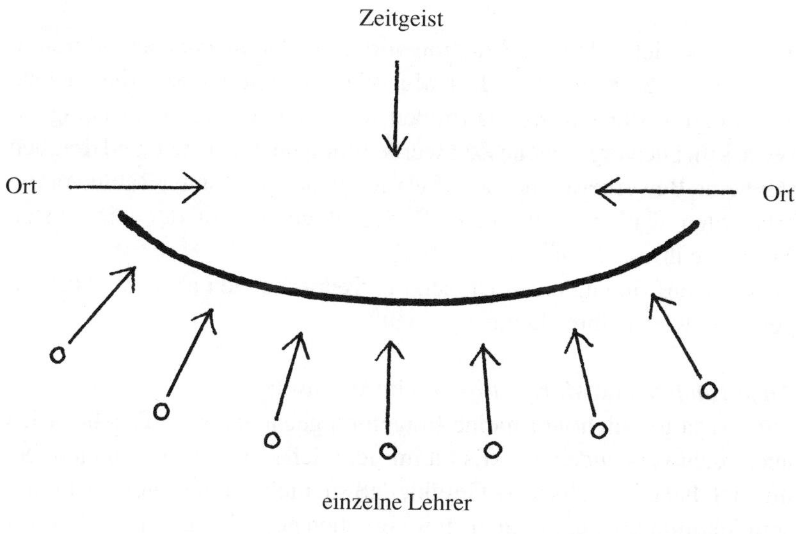

Martyn Rawson:
Wie wir durch das Studium der *Allgemeinen Menschenkunde* gelernt haben, beruhen die Gedanken, die normalen Bildvorstellungen, auf den

Kräften der Vergangenheit. Aus anderen Werken Rudolf Steiners wissen wir, wie die in der Meditation wirkenden Kräfte uns aus der Zukunft zufließen. So wird diese Bildmeditation, diese «Gründungsimagination», zu etwas Einmaligem, indem sie die individuelle und die Gruppenaktivität einbezieht und die Vergangenheit und die Zukunft in einem gegenwärtigen Tun vereinigt. Dadurch beansprucht sie vorgeburtliche Kräfte sowie solche aus der Zeit zwischen Tod und neuer Geburt.

Anne Tandree:
Nachdem wir nun zusammen eine Art Fundament errichtet haben, möchten wir unser Thema direkter angehen, indem wir die kollegiale Zusammenarbeit im Licht von Karma und Reinkarnation untersuchen. Wir schildern Ihnen drei Situationen und bitten Sie, sich diese lebendig vorzustellen – manche denken dabei vielleicht an ihre eigene Schule. Nummer eins ist ein Interview.

Martyn Rawson:
Stellen Sie sich folgende Situation vor: Es ist Donnerstag abend mitten in einer langen Konferenz. Der Musiklehrer sagte soeben, die nächste Schulfeier werde ohne ihn stattfinden, und er hat den Raum türschlagend verlassen. Die vorgesehene Zeit wurde schon überschritten, und draußen steht eine Bewerberin, die darauf wartet, in den geweihten Raum vor die erlauchten Kollegen zu treten. Sie steht vor einem der wichtigsten Momente ihres Lebens.

Nachdem sie gegangen ist, setzt es Bemerkungen ab wie: «Hast du gesehen, wie sie ihre Handtasche hält?»

Anne Tandree und *Martyn Rawson* im Wechsel:
«Sie ist ja gar nicht auf meine Fragen eingegangen.» – «Das habe ich auch nicht verstanden.» – «Es tut mir leid, ich sehe sie einfach nicht bei uns. Ich habe ein seltsames Gefühl, daß sie nicht zu uns paßt.» – In diesem Stadium könnten Fragen zum Vorgehen gestellt werden. – «Ich war der Meinung, wir hätten diese Stelle gar nicht ausgeschrieben.» – «Müssen wir jetzt zu einem Entschluß kommen, oder können wir die Sache delegieren? Wir haben eine ganze Reihe von Bewerbern. Ist es karmisch richtig, wenn wir jeweils sogleich nach der Vorstellung eine Entschei-

dung fällen? Oder können wir auch eine karmisch richtige Entscheidung treffen, nachdem wir alle gesehen haben?» – «Wenn wir nach jeder Vorstellung individuell entscheiden, dann müssen wir die Poststempel auf den Bewerbungsschreiben prüfen und die Bewerber in der Reihenfolge des Eingangs aufbieten.»

Anne Tandree:
Nun können wir uns einige Fragen stellen: «Wie berücksichtigen wir das Karma, wenn wir eine neue Kollegin, einen neuen Kollegen einstellen? Wie entwickeln wir ein Wahrnehmungsorgan für das, was eine Person als Qualität, Geschick und Fähigkeit mitbringt?»

Martyn Rawson:
Im 9. Vortrag der *Allgemeinen Menschenkunde* macht uns Rudolf Steiner mit grundlegend unterschiedlichen Gesichtspunkten zum Verständnis des Urteilens bekannt. Urteile entstehen im Gefühlsbereich, und gebildete Urteile können in tiefere, unbewußte Bereiche hinabsinken und zu Seelengewohnheiten werden. Wenn solche Reaktionen «aus dem Bauch heraus» auftreten: «Es scheint mir nicht richtig ...», muß man fragen, aus welcher Seelenschicht diese kommen. Stammen sie tatsächlich aus den tieferen Regionen, dann müßten wir gemeinsam üben, um gute Seelengewohnheiten heranzubilden, damit wir in gesunder Weise kollektive Urteile bilden können.

Wie wir alle wissen, ist die Frage, ob ein Mensch in eine Gruppe paßt oder nicht, sehr schwer zu entscheiden. Manchmal stellt sich jemand vor, und die meisten von uns haben das Gefühl: Ja, wir kennen diese Person, wir können mit ihr zusammenarbeiten, wir können unmittelbar das Gespräch mit ihr aufnehmen. Dann gibt es andere, die die gleiche Sprache sprechen wie wir, dieselbe Herkunft haben, der gleichen Generation angehören, so daß wir schnell einen gemeinsamen Boden finden. Wieder andere scheinen völlig aus dem Nichts aufzutauchen, schwierige Kunden, die zwar über beste Qualifikationen verfügen, aber wir sind nicht sicher, ob ihre Wesensart, ihre Gesinnung zu uns passen, und die Gefahr, wie wir alle wissen, ist natürlich, daß solche Leute – weil sie anders sind – genau den Einschlag in unsere Gemeinschaft bringen, den wir zu unserer Entwicklung brauchen.

Anne Tandree:
Situation Nummer zwei: Das Probejahr der Fremdsprachenlehrerin geht zu Ende. Kann sie in ihrem Amt bestätigt werden? Die Kollegin, die sie während dieses Jahres als Mentorin betreuen sollte, hat ihr Amt abgegeben, weil sie sich mehr ihrer Familie widmen will. So hat sie nur in zwei Lektionen ihrer Kollegin hospitiert – in Klassen, mit denen diese nicht vertraut war. Wie es oft vorkommt, kennen die meisten Kollegiumsmitglieder diese Lehrerin nur vom Sehen und vom Lehrerzimmer. Die Lehrer, die sie kennen, Klassenlehrer, haben einen guten Eindruck von ihrer Arbeit. Die betreffende Lehrerin war ohne richtige Ausbildung angestellt worden, und nun wird sie von einigen Kollegen kritisiert: a) wegen mangelhafter Unterrichtsführung und b) fehlender Kenntnisse der Waldorfmethodik. Sie hat offensichtlich zuwenig Unterstützung und Beratung erhalten.

Martyn Rawson:
Man sieht, es bahnt sich ein schwieriger Entscheid an. Wenn man sie bestätigt, bekommt sie eine definitive Anstellung, und sie wird vielleicht für 20, 30 Jahre hier sein. Wird sie nicht definitiv angestellt, bleibt sie in der Luft hängen ohne ein richtiges Standbein im Lehrerkollegium, von dem sie doch Unterstützung bekommen sollte. Und wenn wir einen englischen [vermutlich könnte man hier eine beliebige andere Völkerbezeichnung einsetzen, d. Übers.] Kompromiß machen, nämlich die Probezeit verlängern, dann wird die arme Kollegin gegenüber Schülern, Eltern und anderen Lehrern einen unsicheren Stand haben. Das Hauptproblem ist, daß es schwierig sein wird, eine andere Französisch-(oder Spanisch-, Japanisch-, Russisch-)lehrerin zu finden.

Anne Tandree:
Diese Situation ruft grundsätzliche Fragen hervor. Erwarten wir, daß uns das Schicksal mit voll ausgebildeten Waldorfsprachlehrerinnen versieht? Oder: Wieviel Zeit sind wir bereit in eine neue Kollegin zu investieren? Wie erkennen wir gemeinsam das Potential, das eine Person mitbringt, und wie können wir ihr helfen, ihre Fähigkeiten zu entwickeln? Andererseits: Wie lange wollen wir mit unseren Schülerinnen und Schülern Experimente machen? Wie lange brauchen wir, um die Zeichen an der Wand zu erkennen?

Martyn Rawson:
Die grundsätzliche Frage ist also: Wie können wir in unserer Schule für neue Lehrer, unabhängig von ihrer Ausbildung – die Ausbildung bringt noch nicht das perfekte, fertige Produkt hervor –, eine Situation schaffen, in der sie in der Schule Fuß fassen, sich so einleben können, daß sie zunächst vor den Einwirkungen abgeschirmt sind, die man buchstäblich als natürliche Selektion im Sinne Darwins erleben kann? Wenn wir neuen Kollegen diesen Windschatten, diese Gelegenheit zur Entwicklung bieten können, besteht die Möglichkeit, daß sich durch eine Persönlichkeit neues Karma bilden kann. Und wenn dieser Schutz nicht geschaffen wird und der betreffende Mensch keine neuen Fähigkeiten entwickeln kann, fällt er häufig in seine alten Verhaltensweisen zurück. Unter dem Druck des Erfolgszwangs weicht man bekanntlich leicht auf Altgewohntes aus. Wir müssen Situationen schaffen als Lehrer, in denen sich in jedem Moment neue Fähigkeiten entwickeln können – im Unterricht und in der Zusammenarbeit mit Kollegen und Eltern.

Anne Tandree:
Situation Nummer drei: Elternklage. Es kommt heutzutage ziemlich häufig vor an unseren Schulen, daß Eltern sich formell über einen Klassenlehrer beklagen.

Martyn Rawson und *Anne Tandree* im Wechsel:
«Ich möchte wissen, was einige vernünftige Eltern von dieser Sache halten.» – «Als Mutter, die sich für die Schule engagiert, finde ich, daß unsere Lehrerin – obwohl sie von den Kindern geliebt wird – irgendwie unnahbar ist. Ich habe den Eindruck, sie höre einem nicht zu. Sie spricht oft in der Terminologie Steiners, was einige Eltern zu verstehen scheinen, ich aber nicht.» – «Wir versuchten einige allgemeine Probleme am Elternabend zur Sprache zu bringen, aber die Lehrerin hielt uns einen Vortrag über den Lehrplan. Ich habe schon drei Kinder an der Schule, doch sagt mir diese Lehrerin, sie verstehe mein Kind besser als ich. Ich würde nicht sagen, sie sei dogmatisch, aber wenn man etwas in Frage stellt, heißt es sogleich, es sei eben eine Sache des Vertrauens. Als Mutter habe ich den Eindruck: Entweder ich akzeptiere alles, was sie tut, oder es sieht so aus, als ob ich Agitation betreibe, um sie abzusetzen.»

Anne Tandree:
«Ich bin die Lehrerin! Diese Eltern haben keine Ahnung von Waldorfpädagogik. Weiter unten, in der ersten, zweiten und dritten Klasse, ist es natürlich kein Problem, da ist alles in Ordnung, aber jetzt, in der sechsten Klasse, sind sie in Panik, die akademische Laufbahn ihres Kindes könnte gefährdet sein. Diese Eltern glauben einfach jedes Wort, das das Kind über mich sagt.»

Martyn Rawson:
Wir haben es mit Leuten zu tun, die sehr hohe Erwartungen an uns stellen. In diesem Zusammenhang möchte ich auf einen sehr interessanten Artikel von Michael Harslem hinweisen, in dem der ganze psychologische Hintergrund der Eltern-Lehrer-Beziehungen untersucht wird.[7]

Anne Tandree und *Martyn Rawson* im Wechsel:
«Als Lehrerin finde ich, die Eltern sollten sich nicht in meine karmische Beziehung zu den Kindern einmischen.» – «Als Elternteil habe ich einfach das Gefühl, daß ich aus diesem Heiligtum der inneren Beziehung herausgehalten werde.» – «Ich fühle mich isoliert, und als Kollegiumsmitglied möchte ich eigentlich auf die Solidarität meiner Kollegen zählen können. Auf der anderen Seite empfinde ich auch, daß es meine Klasse und mein Problem ist und das Kollegium nichts angeht.»

Martyn Rawson:
Aber das Kollegium hat natürlich einen Standpunkt, sogar eine ganze Reihe von Standpunkten. Es kann sein, daß die Situation dieser Lehrerin bei einigen Kollegen eine starke Sympathiewelle auslöst, nämlich bei solchen, die das Gefühl haben: «Ums Himmels willen, bin ich wohl der nächste, der es mit der Kritik der Eltern zu tun bekommt? Wir müssen als Lehrer zusammenstehen.» Andere sind weniger mitfühlend und denken: «Es überrascht mich überhaupt nicht.» Wir haben also verschiedene Reaktionen der Kollegen, und ich möchte nur noch zwei davon charakterisieren:

---

7 Michael Harslem, *Dreigliederung und Waldorfschule. Aspekte zur Gestaltung der sozialen Prozesse,* in: Erziehungskunst, Nr. 2, Februar 1996.

Die erste könnte als «Watergate-Methode» oder noch besser als die «Rinderwahnsinns-Methode der britischen Regierung» bezeichnet werden. Seit fünf Jahren bekommen wir Hinweise und Warnungen, die wir unter den Teppich gekehrt haben, aber jetzt bricht eine Krankheit aus. Starker Schulterschluß, und der Welt – den Eltern – wird verkündet: «Wir nehmen uns der Sache an.» Die andere Methode könnte man die «O. J.-Simpson-Methode» nennen: Absolute Offenheit, jedermann bekommt einen ausführlichen Bericht, in dem Wort für Wort wiedergegeben wird, was gesagt oder angeblich gesagt wurde. Dann erscheint ein Kollegiumsberater und verspricht, die Sache in Ordnung zu bringen. Nach einigen Monaten erkennt man rückblickend, daß er für diesen bestimmten Fall die absolut ungeeignetste Person war. Andere Variante: Weil man eigentlich nicht weiß, was tun, bittet man nach langem Schweigen in der Konferenz einen still in der Ecke sitzenden Kollegen, der ein bißchen im Ruf der Heiligkeit steht, sich der Sache anzunehmen, und er wird zwischen den Fronten erdrückt.

Anne Tandree:
Es gibt auch eine andere Möglichkeit, wie wir uns in einer solchen Situation verhalten könnten, indem wir uns folgende Fragen stellen: Haben wir im Lauf der Jahre unter uns Lehrerinnen und Lehrern ein Klima der Offenheit und des Vertrauens geschaffen? Haben wir gegenseitig für unsere Arbeit Interesse entwickelt? Wissen wir eigentlich, was im Klassenzimmer unserer Kollegin geschieht? Haben wir die Eltern, die unzufrieden sind, zu Hause besucht? Haben wir in einer Stimmung von gegenseitiger Hilfe und Brüderlichkeit gearbeitet? Haben wir an unserer Schule eine Anlaufstelle für Probleme, und ist diese professionell? Haben wir für Elternklagen ein Prozedere, das die Rechte und die Integrität des einzelnen schützt? Wie weit sind wir auf dem Weg, sich selbst einschätzen zu können, die eigene Arbeit anzuschauen und anderen zu helfen, dies bei sich zu tun? Wie fördern wir als Gruppe von Erwachsenen die Vertrauensbildung gegenüber unseren Schulen? Ich denke, es ist Zeit, die Menschen im Kollegium anzuschauen. Wer sind sie? Da sind Lehrerinnen und Lehrer, Mitarbeiter der Administration, ein Schularzt und vielleicht sonst noch Menschen, die sich innerlich mit der Schule verbunden fühlen.

Martyn Rawson:
Tatsächlich sind in vielen Schulen nicht nur Lehrkräfte im für die Schulführung verantwortlichen Kollegium, sondern, wie Anne Tandree erwähnte, auch andere Menschen, die einen inneren Bezug zur Schule haben. Wichtig sind die Kriterien, die für die Aufnahme gelten: Wer kann diesem Kollegium beitreten, und zu welchem Zeitpunkt? Bei den Lehrkräften ist es so, daß sie eine Probezeit haben. Danach werden sie in ihrer Unterrichtstätigkeit von den Kolleginnen und Kollegen bestätigt, und sie selbst können nun zum Entschluß kommen, zusätzlich zum Unterricht Aufgaben für die Schule zu übernehmen. Dieser Schritt wird meistens durch äußere Formalitäten wie einen Anstellungsvertrag begleitet, die aber nicht nur als etwas Äußerliches angeschaut werden sollten, sondern als etwas, das man ganz bewußt vollzieht. Schließlich wird aus Freiheit ein Vertrag zwischen zwei Parteien geschlossen, die wissen, um was es geht. Ein Vertrag, oder sagen wir besser, der zum Vertrag führende Prozeß mit den dazugehörenden Gesprächen, schafft eine gute Rechtsgrundlage für den einzelnen, um im Rahmen der Schulstrukturen in Freiheit individuelle Verantwortung zu übernehmen.

Anne Tandree:
Nun zum inneren Aspekt: Damit man Kollegiumsmitglied wird, braucht es die innere Geste, daß man sich sagt: Ich verbinde mein Schicksal, mein Karma mit dem der Schule. Was nimmt man dabei auf sich? Als erstes Selbstschulung – persönliche geistige Entwicklung. Ich begebe mich auf den Weg, mein Karma zu akzeptieren. Ich akzeptiere, woher ich komme, wo ich stehe und die Verantwortung, die ich übernommen habe. Dieser Weg kann mehr und mehr in der Gruppe gegangen werden. Es gab eine Zeit, wo diese Arbeit nur im stillen Kämmerlein geleistet wurde, aber ich habe die Erfahrung gemacht, daß es für diese Arbeit heutzutage manchmal Unterstützung braucht, und das Kollegium kann der Ort sein, wo man sich gegenseitig hilft. Der zweite Schritt ist, daß wir als Kollegiumsmitglieder daran gehen, die karmischen Beziehungen zu erkennen, die zwischen uns individuell und zur ganzen Schule bestehen. Um eine solche Arbeit anzugehen, kann man sich die eigenen Biographien erzählen und die Lebenswege und das Karma der anderen kennenlernen. Als drittes können wir versuchen, die

karmische Bestimmung der Schule in uns aufzunehmen und uns damit zu verbinden.

Martyn Rawson:
Auf allen drei Stufen haben wir es mit anderen Menschen zu tun. Auf der ersten Stufe stehen wir parallel zur Selbstschulung in Beziehung zu den Kindern: Wer sind wir als einzelne Persönlichkeit sowie als Gruppe und Klasse in Beziehung zu den Kindern? Indem wir die Kinder kennenlernen, können wir Erkenntnisse über unser eigenes Karma, unsere Begabungen und Grenzen gewinnen. Auf der zweiten Stufe gehen wir einerseits eine berufliche und kollegiale Verbindung mit unseren Kollegen ein, andererseits treten wir in eine ähnliche Beziehung zu den Eltern und den anderen Menschen im Umkreis der Schule, mit anderen Worten: mit der Schulgemeinschaft. Darüber hinaus haben wir es auch mit dem Genius Loci zu tun. Wir verbinden uns mit der Geschichte des Ortes, mit den Bedingungen und Verhältnissen im Umkreis der Schule. Es kann sein, daß wir unseren Lehrplan, unsere Unterrichtsmethoden anpassen, um das aufzunehmen, was uns durch den Genius Loci entgegenkommt, und um die Geschichte zu berücksichtigen, die den Charakter des Ortes geprägt hat. Indem wir uns verpflichten, unser Schicksal mit dem der Schule zu verbinden, gehen wir auch eine Verbindung mit den Intentionen des Zeitgeistes ein. Wir stellen uns in den Dienst Michaels. Und auf jeder Stufe unserer Arbeit müssen wir uns fragen: Wie sind die Dinge zu dem geworden, was sie sind, und wie wollen sie sich weiterentwickeln?

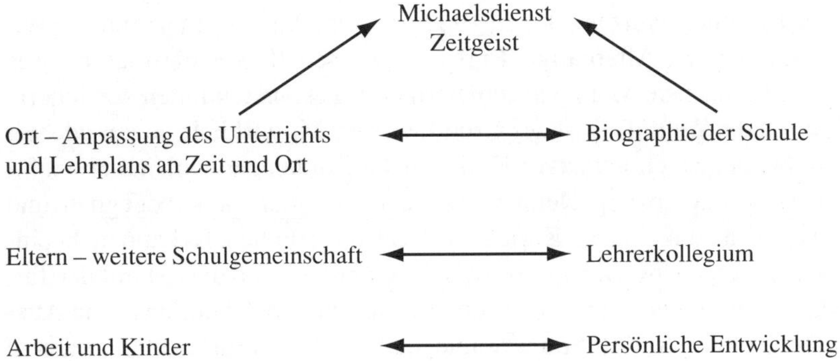

Anne Tandree:
Die Idee von Karma und Reinkarnation eröffnet uns eine zweifache Perspektive, wenn wir den ganzen Ablauf vom zeitlichen Gesichtspunkt anschauen. Wir werden durch unsere karmische Vergangenheit zusammengebunden; jedes Kollegium stellt einen karmischen Knoten dar, ein Gewirr verschiedener Fäden, und dann werden wir wieder voneinander getrennt.

Martyn Rawson:
Dieser karmische Knoten, die Beziehungen und Verbindungen zu den Kindern in unsern Klassen und zu den Kollegen, mit denen wir zusammenarbeiten, stellt für uns eine Herausforderung dar, aber vielleicht ist hier die Methode von Alexander dem Großen, Knoten zu lösen, nicht empfehlenswert.

Anne Tandree:
Und wenn wir wegen der Schwierigkeiten verzweifelt sind, hilft es vielleicht, wenn wir uns vorstellen, wie es das letzte Mal gewesen sein könnte, als wir zusammen waren.

Martyn Rawson:
Diese doppelte Zeitperspektive ist wichtig, denn wir dürfen nie vergessen, daß die Waldorfpädagogik eine Jahrtausendaufgabe darstellt. Sie muß den Weg in die nächste Kulturepoche vorbereiten, ein Zeitalter, in der moralische Phantasie, Weisheit und Liebe zur Entwicklung kommen sollen.

An dieser Stelle möchte ich einige Worte aus einem Vortrag zitieren, den Johannes Tautz an Ostern 1982 in Spring Valley gehalten hat: «Wir haben nur eine Alternative. Entweder wir schaffen es diesmal, oder es wird das nächste Mal noch schwieriger. Das kann ich Ihnen versichern. Das ist die Wahl. Das ist der Grund, warum wir wirklich, so gut wie wir es können, jetzt mit unseren Kollegen die Grundlagen bilden müssen für eine günstige Lösung. Denn wir werden uns sicher wiederbegegnen, und das Maß an ungelöstem Karma wird sich nur erhöhen. Es kann nicht einfacher werden, es kann nur schwieriger werden. Und dies ist mit der Tatsache verbunden, daß wir in einem Jahrhundert leben, das eine Ausnahme bildet. Rudolf Steiner sagte, daß das 20. Jahrhundert mit keinem anderen Jahrhundert in der Geschichte verglichen werden kann. In diesem Jahrhundert wirken drei Mysterien: das Christus-Mysterium, das Anti-Christus-Mysterium und das Michael-Mysterium. Heute haben wir es mit diesen drei Mysterien zu tun. Immer wenn Menschen Gemeinschaften gründen und einem höheren Ziel dienen wollen, treffen wir auf christliche Einflüsse. Wo immer lichtvolle und klare Gedanken geformt werden sollen, wo Herzensdenken auftritt, begegnen wir dem Michael-Mysterium, und wo Unmenschlichkeit und mangelnde Menschenwürde im Spiel sind, haben wir es mit dem Anti-Christus-Mysterium zu tun. Es darf uns aber nicht überraschen, wenn wir unter uns Schwierigkeiten haben, wir sind schließlich Kinder unserer Zeit, und wir haben auch eine Verbindung, eine innere Verbindung mit diesen drei Kräften.»[8]

Anne Tandree:
Dies ist eine Gelegenheit, eine gute Zeit für uns, um ans Werk zu gehen. Wir dürfen nicht denken: Es ist zu schwierig, ich gebe auf. Denn es ist eine Zeit, in der wir zusammen neue karmische Möglichkeiten schaffen. Indem wir die beschriebenen Probleme in Angriff nehmen, öffnen sich diese Möglichkeiten. Mit dem Gefühl von Mut und Dankbarkeit für diese Gelegenheiten müssen wir uns vorwärtsbewegen.

Martyn Rawson:
Schauen wir die Probleme nochmals genau an, die in unserer kollegialen Zusammenarbeit entstehen: Unsicherheit, Angst, Mangel an gegenseitiger Verständigung, Mißverständnisse, nicht delegieren können, Überlastung durch Verantwortung, zu wenig Zeit und Raum für Entwicklung, Enttäuschung, Erschöpfung und Bewußtsein der eigenen Unzulänglichkeiten.

Anne Tandree:
Diese können wir mit den drei Situationen in Beziehung bringen, die wir geschildert haben, und folgende Fragen stellen: Wie können wir uns ein

---

[8] Johannes Tautz, *The Foundation of the First Waldorf School in Stuttgart,* Vortrag von Ostern 1982 in Spring Valley, New York, veröffentlicht durch The Council of the Pedagogical Section in North America, S. 44. Übersetzung Alec Templeton.

wahrhaftiges, positives Bild eines Kollegen machen, das dessen Stärken, Mutqualitäten und lichtvolle Seiten zum Ausdruck bringt?

Martyn Rawson:
Wie können wir die Selbsteinschätzung pflegen? Aber nicht in der Art äußerer Personalführungsmethoden, sondern ein richtiges Können, eine Fähigkeit entwickeln – individuell wie in der Gruppe. Wie machen wir es, daß wir hören, was uns die Kinder, die Eltern und die weitere Gemeinschaft um uns herum zu sagen haben?

Anne Tandree:
Wie finden wir Zeit und Raum für unsere Weiterbildung, für seminaristische Arbeit und Selbsterziehung? Wie bringen wir uns dahin, daß wir unsere Arbeit gegenseitig respektieren?

Martyn Rawson:
Zentral für alle diese Vorgänge ist es, Vertrauen in das Unbekannte zu entwickeln. Die drei Fragen oder Aufgaben, die wir formulierten, helfen uns bestimmt, nämlich erstens das Wesen des anderen erkennen, zweitens eine wirkliche Selbst- und Gruppeneinschätzung entwickeln und drittens hören, was die Welt uns sagen will. Diese drei Qualitäten schaffen eine Atmosphäre, in der Vertrauen wachsen kann. So können wir auch den karmischen «Rucksack» akzeptieren, den wir mitbringen, aber wir arbeiten daran nicht durch Selbstbetrachtung, sondern indem wir die Erziehungsaufgaben angehen, die uns die Schule stellt.

Anne Tandree:
Damit kommen wir zum Anfang zurück. Wir haben von Rudolf Steiner eine Form bekommen, durch die diese Arbeit sich entwickeln kann: Die «Gründungsimagination».

Martyn Rawson:
Wir haben eine Form, und außerdem wurde uns gesagt, *wie* wir diese Arbeit tun sollten, nämlich indem wir die drei Funktionsprinzipien der sozialen Dreigliederung im richtigen Moment und am richtigen Ort zur Wirkung bringen. Also das Freiheitsprinzip im Schöpferischen, Gerech-

tigkeit und Gleichheit in den Vereinbarungen, die wir untereinander treffen, und gegenseitige Hilfe in der Zusammenarbeit.

Anne Tandree:
Wir möchten mit einem Zitat abschließen, das uns mit Zuversicht und Mut für unsere Arbeit erfüllen kann. Es stammt von einem großen Menschen unserer Zeit, von Nelson Mandela:

Martyn Rawson:
«Unsere schlimmste Sorge ist nicht, daß wir nicht genügen; wir haben Angst, weil wir über die Maßen mächtig geworden sind. Es ist unser Licht, welches uns am meisten erschreckt, nicht unsere Dunkelheit. Wir fragen uns: Wer bin ich, der ich so brillant bin, so einzigartig, so begabt, so sagenhaft? Doch wieso soll ich das alles nicht sein? Wir sind Kinder Gottes. Wenn wir unsere Möglichkeiten herunterspielen, dienen wir der Welt nicht. Außerdem ist es nicht sinnvoll, uns zurückzuhalten, nur damit sich die andern um uns herum nicht verunsichert fühlen. Wir wurden geboren, um die Herrlichkeit Gottes, die in uns lebt, zu offenbaren. Diese lebt in jedermann, und indem wir unser Licht scheinen lassen, geben wir den anderen Menschen unwillkürlich ein Signal, dasselbe zu tun. Wenn wir uns von unseren Ängsten befreien, wirkt unsere Anwesenheit auch auf die anderen befreiend.»[9]

---

[9] Aus Nelson Mandelas Inaugurationsrede als Präsident der Republik Südafrika.

Joan Almon

Das Kleinkind am Ende des Jahrhunderts[1]

Als ich vor einigen Jahren Wien besuchte, fand dort an der Universität eine Tagung statt, an der Jörgen Smit[2] als Referent mitwirkte. Ich hatte das Glück, ihn in einem Seminar, das er leitete, als Erzieher zu erleben. Er stellte uns eine schwierige Frage: «Wie finden Sie die kleinen Kinder von heute? Wie sind sie?» Wir dachten darüber nach und beschrieben dann hauptsächlich die Schwierigkeiten, die wir mit den heutigen Kindern erleben. «Aber finden Sie in den Kindern gar keine neuen Fähigkeiten?» fragte Jörgen Smit. Zunächst herrschte Schweigen. Ich realisierte, daß ich mir diese Frage nicht überlegt hatte. Absorbiert von den Problemen, die die Kinder mitbringen, hatte ich die andere Seite nicht gesehen. Seither habe ich mich immer wieder gefragt: Welche Fähigkeiten bringt die neue Generation mit auf die Welt?

Kurze Zeit nach dieser Tagung in Wien besuchte mich eine fünfzehnjährige Cousine, die mich durch ihren klaren Blick und die für ihr Alter erstaunlich aufrechte Haltung beeindruckte. Natürlich war sie auch mit den typischen Schwierigkeiten eines fünfzehnjährigen Mädchens behaftet, aber es ging etwas sehr Schönes von ihr aus. Sie zeigte mir einen Zeitungsausschnitt, in dem berichtet wurde, daß sie und andere Teenager ihres Wohnortes beschlossen hatten, Vegetarier zu werden. Ich fand dies bemerkenswert, denn in meiner Generation kamen wir erst auf die Idee,

---

1 Aus dem Englischen von Beat Brodbeck.

2 Jörgen Smit, † 1991, war Mitglied des Vorstandes der Allgemeinen Anthroposophischen Gesellschaft am Goetheanum und Leiter der Pädagogischen Sektion sowie der Jugendsektion.

Vegetarier zu werden, nachdem wir das Elternhaus verlassen hatten, in unseren Zwanziger- oder Dreißigerjahren, während diese Gruppe auf eigene Faust einen solchen Entschluß so früh schon faßte.

Ich behielt diese jungen Leute im Auge. Einige von ihnen besuchen noch das College, andere haben es eben verlassen. Ich staunte immer mehr, wie anders sie sind, als wir in unserer Collegezeit waren. Wir führten ein sehr geselliges Leben, machten Betrieb und waren ziemlich laut. Die Studenten, von denen ich jetzt spreche, sind viel ruhiger, und man beachtet ihre besondere Art zunächst gar nicht. Sie sind von einer selbstverständlichen, aber ganz tiefen Ehrlichkeit, wie sie in dem Brief der Neuntkläßler im Beitrag von Robert Thomas zum Ausdruck kommt.

Tatsächlich haben an den Universitäten in den Vereinigten Staaten etwa die Hälfte der Studenten freiwillige Einsätze geleistet, entweder für Projekte des Umweltschutzes oder zugunsten von Menschen, die es wirtschaftlich schwer haben. Obwohl an den Universitäten zahlreiche solche Aktivitäten stattfinden, hört man kaum etwas davon. Diese Generation tut die Dinge und spricht nicht viel darüber.

Dazu kommt, daß viele dieser jungen Leute schon von früh an spirituelle Erlebnisse haben, die nicht etwa mit Drogen im Zusammenhang stehen, sondern ganz eigenständig sind. Wenn es auch nicht völlig bewußt geschieht, so sind doch manche von ihnen mit den Tatsachen der geistigen Welt und mit Denkrichtungen vertraut, die Geistiges und nicht nur Irdisch-Materielles zu erfassen suchen. Davon sprechen sie ganz nüchtern; es handelt sich für sie um absolut normale Dinge.

Während vieler Jahre hatten wir in unseren Seminarkursen für Waldorfpädagogik kaum jüngere Leute. Die meisten Studenten gehörten meiner Altersgruppe an, und die Teilnehmer wurden immer älter. Nachdem wir jahrelang die Generation der heute Dreißigjährigen vermißt hatten, kommen seit vier oder fünf Jahren plötzlich wieder viele junge Menschen, so daß in manchen Klassen bis zu einem Drittel unter fünfundzwanzig sind.

Ich hatte öfters Gelegenheit, mit solchen jungen Seminaristen Themen wie die Jahresfeste zu besprechen. Wenn von Michael und dem Drachen die Rede war, bat ich sie manchmal, über ihre Begegnung mit dem Drachen im eigenen Leben zu schreiben. Ich bin immer tief beeindruckt von dem, was diese Einundzwanzig- bis Fünfundzwanzigjährigen schon erlebt haben, mit welchem Mut sie sich diesen Erlebnissen stellten und mit welcher Ehrlichkeit sie davon berichten. Ich denke, daß solche neuen Fähigkeiten auch in den Seminaren der anderen Länder zu beobachten sind. Wir müssen aufpassen, daß wir sie nicht falsch beurteilen. Ich will an einem Beispiel zeigen, wie ich das meine.

Als ich 1995 an einem Waldorflehrerseminar in Europa unterrichtete, erregte eine zweiundzwanzigjährige Studentin meine Aufmerksamkeit, und ich mußte aufpassen, daß ich sie nicht ständig anschaute. Sie war attraktiv, zierlich gebaut, etwas elfenartig, mit ganz kurz geschnittenem Haar, die Spitzen leicht gefärbt. Ich fragte mich: Wer ist das? Und was führt sie an ein Waldorflehrerseminar? Nach dem Unterricht kam sie zu mir und erzählte zunächst von ihrem eigenen dreijährigen Kind. Dann berichtete sie von ihrer Arbeit mit Kindern in Sonderschulen, und ich war von ihrem Verständnis für diese Kinder und ihrer Arbeitsweise beeindruckt. Bei einem Kaffee stellte ich ihr Fragen zu ihrem Leben.

Bei ihrer Geburt wurde ein Herzfehler festgestellt, der eine Operation notwendig machte. Um diese zu überstehen, sollte sie sich noch etwas kräftigen und Gewicht zulegen. Der Arzt warnte die Mutter, daß das Kind nicht zuviel weinen dürfe, dies sei lebensgefährlich; es könne sofort blau werden und sterben. Die Mutter war sehr vorsichtig, und alles ging ganz gut, bis das Kind eines Tages doch nicht aufhören wollte zu weinen. Nichts half, was die Mutter unternahm, das Kind bekam Atemnot und wurde ganz blau. Verzweifelt lief die Mutter ins Treppenhaus des Wohnblocks, um einen Nachbarn zu suchen, der sie ins Spital fahren konnte. In diesem Moment – so erzählte die Mutter später – erschien ihr ein mächtiges Lichtwesen, das grenzenlose Liebe ausstrahlte. Es berührte das Kind, dieses hörte auf zu weinen und das Lichtwesen verschwand. Eine Nachbarin kam aus ihrer Wohnung und sagte: «Diese Stimmung kenne ich. Hier ist das Christus-Wesen gewesen.» Als der Arzt das Kind untersuchte, horchte er immer wieder die Herztöne ab und sagte dann: «Wie ist das möglich? Das Herz ist völlig in Ordnung. Das Kind muß nicht operiert werden.»

Diese junge Frau mit ihrer wunderbaren Lebensgeschichte und ihrer ungewöhnlichen Erscheinung wird bald unsere Kollegin sein. Sind wir bereit, ihr entgegenzugehen und sie aufzunehmen? Sie ist eine von vielen, vielen jungen Menschen, die heute zu uns kommen wollen.

Ich will nicht sagen, daß die jungen Menschen, die bei uns mitarbeiten wollen, keine Hilfe brauchen – sie selber sind durchaus offen dafür. Aber wir sollen sie nicht in eine alte Form pressen, wie sie unserer Vorstellung einer Waldorflehrerin, eines Waldorflehrers entspricht. Wir müssen ihnen helfen, einen Mittelweg zwischen Form und Leben zu finden, damit sie nicht zu einseitig auf die eine oder andere Seite tendieren. Eine solche Hilfe suchen die jungen Leute auch, aber sie sind ebenso darauf angewiesen, daß wir sie akzeptieren, offen sind und ihnen Wärme entgegenbringen.

Nun wollen wir unseren Blick auf die kleinen Kinder richten, denn was wir jetzt weltweit in den Kindergärten antreffen, ist eine Fortsetzung dessen, was ich eben beschrieben habe, aber in ausgeprägterem Maß. Ich berichtete von den jungen Leuten, die als Teenager Vegetarier wurden. Nun trifft man in nicht-vegetarischen Familien Fünf- und Sechsjährige, die beschließen, kein Fleisch zu essen. Oft wissen die Eltern nicht recht, wie sie sich verhalten sollen, aber die Kinder erklären einfach: «Ich will keine Tiere essen.» Sie hätten die Tiere zu lieb. Ein Sechsjähriger, dem ich in einem Kindergarten begegnet bin, erklärte – und die Worte kamen ganz aus der Tiefe seines Wesens heraus: «Weißt du, ich habe die Erde so lieb; die Steine habe ich lieb, die Pflanzen, und die Tiere – die hab' ich am allerliebsten.» Nach einer Weile sagte er mit einer kindlicheren Stimme: «Wenn ich groß bin, arbeite ich in einem Zoo!» In der tieferen Stimme seiner ersten Aussage schien mir etwas von einem vorgeburtlichen Entschluß anzuklingen: starke Liebe zur Erde und der Wille, etwas für die Erde und besonders für die Tiere zu tun. Ähnliches habe ich bei vielen Kindern in unseren Kindergärten angetroffen, aber auch eine starke Verbundenheit mit den anderen Kindern. Man spürt, wie die Kinder unglücklich sind, wenn ein anderes Kind in der Gruppe leidet. Vermutlich war dies schon immer so, doch ist es, wie andere Dinge auch, bei den heutigen Kindern ausgeprägter, intensiver.

Eine Freundin von mir, die in Südafrika einen Kindergarten in einer Camphill-Gemeinschaft aufbaute, berichtete, daß eines Tages ein kleiner Knabe ohne Eltern ganz allein im Kindergarten auftauchte. Er war auf dem Fahrzeug der Farmarbeiter mitgefahren und hatte den Weg zum Kindergarten gefunden. Er konnte nur ein Wort Englisch, und dieses sagte er: «Lehrerin?» Sie sagte: «Ja.» Dann zeigte er auf sich und sagte: «Melvin.» Offenbar schloß sie den Knaben gleich ins Herz, und sie hatte herrliche Geschichten von ihm zu erzählen. Er stammte aus einer nahegelegenen Township; seine Familie war sehr arm und hatte oft gar nichts zu essen. Der Bub hatte keine Zähne, sie waren abgefault, und der Zahnarzt hatte sie gezogen. Es ist schwierig zu essen, wenn man keine Zähne hat, doch Melvins Freund kam zu Hilfe. Er setzte sich beim Mittagstisch immer neben Melvin, kaute die Speisen vor und gab sie ihm dann. Im ersten Moment war die Kindergärtnerin fast etwas schockiert, doch merkte sie sogleich, daß die anderen Kinder daran überhaupt keinen Anstoß nahmen und es als etwas völlig Selbstverständliches betrachteten. Wenn jemand Hilfe braucht, muß man das eben tun! So steht es mit den heutigen Kindern.

Diese Kinder haben einen Sinn für das Geistige, und zwar alle. Dieser empfindsame Sinn ist das Erstaunliche dieser Generation. Ich würde es nicht Bewußtsein nennen, denn das Bewußtsein der Kinder ist völlig verschieden vom Bewußtsein der Erwachsenen. Auch würde ich es nicht Wachheit dem Geistigen gegenüber nennen, obwohl viele von ihnen in anderen Lebensbereichen zu wach sind. Man erlebt bei diesen Kindern eine offene Empfindsamkeit für das Geistige, und sie können in einer kindlichen Art darüber sprechen. Als ich einen Kindergarten führte, zeichneten die Kinder immer wieder Regenbogen. In der frühen Kindheit ist der Regenbogen ein verbreitetes Motiv, und ich dachte oft darüber nach, warum das so ist. Die Kinder zeichnen richtige Regenbogen, sie zeichnen aber auch Regenbogen-Häuser, überhaupt Regenbogen in den vielfältigsten Formen. Einmal hatte ich ein Kind, das ein Regenbogen-Gesicht mit Regenbogen-Augenbrauen malte. In der Mythologie und Literatur findet man das Bild des Regenbogens als Brücke zwischen der geistigen Welt und der Erde. Lange dachte ich, dies sei der Grund, weshalb die Kinder so gerne Regenbogen malen. Vielleicht tragen sie als Erinnerungsbild in sich, daß sie über eine Regenbogenbrücke auf diese Welt gelangt sind. In den letzten Jahren haben mir Eltern immer wieder von Aussagen ihrer Kinder über Regenbogen berichtet, und das ist neu. Ein kleiner Bub hatte mit seiner Mutter einen Regenbogen angeschaut und plötzlich gesagt: «Mami, schau, ein Regenbogen! Ein Kind kommt auf die Welt!» Ein anderes Kind, das in Spanien lebt und seine Ferien in

Deutschland verbringt, sagte eines Tages zu seiner Mutter: «Mami, wie kommen die Babys in Spanien zur Welt? Wir haben ja keine Regenbogen.» Noch ein anderes Kind zeichnete die Erde und den Himmel, wie dies ein sechsjähriges tut, und dazu einen Regenbogen mit einem Menschen darauf, der wie auf einer Rutschbahn zur Erde herabgleitet. Diese Offenheit ist heute vorhanden, und sie ist nicht mehr so tief im Innern verborgen wie früher.

Bei kleinen Kindern ist uns eine solche Offenheit gegenüber der geistigen Welt vertraut, doch dann kommt das Alter, wo diese wie von einem sich herabsenkenden Vorhang zugedeckt wird. Jetzt aber treffen wir immer mehr Kinder, die sich auch in diesem Alter an die Welt erinnern, aus der sie kommen, und darüber sprechen. Ich kenne einen vierjährigen Knaben, der gerade ein Schwesterchen bekommen hatte. Kaum war es aus dem Spital nach Hause gebracht worden, wollte der Bub mit dem Baby allein gelassen werden. Die Eltern hatten Angst, der Bub wolle das Baby nicht und werde ihm wehtun. Doch der Knabe ließ nicht locker, bis sie ihn gewähren ließen. Sie zogen sich in ein anderes Zimmer zurück und schalteten zur Sicherheit ein Babyphon ein, damit sie im schlimmsten Fall herbeieilen und das Mädchen schützen konnten. Und was geschah nun? Sie hörten, wie der Vierjährige auf Zehenspitzen zur Wiege trippelte und seinem Schwesterchen zuflüsterte: «Du, erzähl mir von Gott. Ich fange an, das zu vergessen.»

An unserer Waldorfschule ereignete sich ein tragischer Autounfall, dem ein Kind aus der ersten Klasse zum Opfer fiel. Ich kannte eine ganze Anzahl der Kinder dieser Klasse vom Kindergarten her und war auch mit den Eltern der verunglückten Allison bekannt, da wir an der gleichen Arbeitsgruppe teilnahmen. So erfuhr ich, daß eine Erstkläßlerin zu ihrer Mutter sagte: «Ich weiß schon, warum Allison gestorben ist. Ich habe angefangen, Gott zu vergessen, und jetzt hilft sie mir.» Natürlich möchten wir nicht, daß ein Kind mit dem Gedanken belastet wird, die Freundin sei seinetwegen gestorben, und doch erlebte dieses Mädchen, wie durch den Tod der Kollegin eine Tür aufgetan wurde, die von unserem irdischen Dasein zu den Gefährten in der geistigen Welt führte. In den drei Tagen, in denen Allison zu Hause aufgebahrt war, kamen viele Eltern der Klasse, um für sie Leier zu spielen und der Mutter beizustehen. Die Kinder, die auch mitkamen, waren zunächst recht scheu und wagten sich nicht in die Nähe der toten Allison. Dann spielten sie mit Knetwachs, und als einige Dinge entstanden waren, sagte ein Kind: «Wollen wir diese nicht Allison bringen?» Sie gingen die Treppe hoch in Allisons Zimmer und gaben die Sachen, die sie geknetet hatten, dem toten Mädchen in die Hand. Dann spielten sie ruhig und unbefangen bei ihr im Zimmer weiter. Sie bezogen sie als Spielkameradin ein und sagten zu Allisons Eltern: «Sie ist gar nicht fort! Sie spielt jetzt mit uns.» So erleben die Kinder eine wunderbare Brücke zu den Verstorbenen, die von der anderen Seite her an unserem Leben teilnehmen.

Was erfahren wir von den Kindern über Reinkarnation? Es gibt Studien über Kinder, die sich an frühere Erdenleben erinnern, die angeben, wo sie damals gelebt hatten, und diese Berichte konnten durch Nachforschungen an Ort und Stelle bestätigt werden. Oft waren in diesen Fällen die Abstände zwischen zwei Leben recht kurz. Wissenschaftliche Untersuchungen, die darüber angestellt wurden, führten zu positiven Ergebnissen. Darauf möchte ich hier aber nicht eingehen, sondern auf die allgemeine Empfindung hinweisen, die kleine Kinder heute für Wiederverkörperung haben, eine Empfindung, der sie immer mehr Ausdruck verleihen. In einem Waldorfkindergarten in St. Petersburg machte ein Kind Aussagen, die in einem Mitteilungsblatt des dortigen Kindergartenseminars abgedruckt wurden. Dieses sechs- bis siebenjährige Kind erzählte seinen Freunden, seine Großmutter sei gestorben und nach der Abdankung sei sie begraben worden. Eines der Kinder fragte: «Was? Die ganze Großmutter ist begraben worden?» – «Nein, natürlich nicht», antwortete das erste Kind. «Nur der Körper. Die Seele ist in den Himmel zurückgegangen.» – «Ja, ja», sagte das andere Kind. «Ich weiß. Ich war auch im Himmel. Und vorher war ich auf der Erde, aber es war eine andere Stadt mit anderen Häusern und einem anderen Kindergarten.» Dann fuhr es fort: «Und eines Tages komme ich wieder, und es wird wieder eine andere Stadt, andere Häuser und ein anderer Kindergarten sein.» Dann fragte ein anderes Kind: «Ja, und wie ist es mit Katja?» – die Kindergärtnerin. «Ja, die kommt natürlich auch wieder. Sie wird anders sein, aber nicht ganz anders.»

Viele heutige Kinder betrachten die Wiederverkörperung als etwas Selbstverständliches: «Natürlich kommen wir wieder. Natürlich waren wir früher schon da.» Wenn wir es mit diesen Kindern zu tun haben, fragen wir uns unwillkürlich: Was sind das für Seelen? Wie kommt es, daß diese wunderbaren Menschen mit ihrer Offenheit für beide Welten, die geistige und die irdische, jetzt, am Ende eines Jahrhunderts und am Anfang eines neuen Jahrhunderts hier sind?

Ich weiß nicht, wer diese Individualitäten sind, so weit geht mein Einblick nicht. Doch werde ich ständig an Äußerungen Rudolf Steiners erinnert, daß am Ende dieses Jahrhunderts zahlreiche großartige Individualitäten zur Erde zurückkehren wollen. Einige davon waren seine Zeitgenossen, Anthroposophen der ersten Stunde. Andere werden noch kommen, vom starken Willen beseelt, der Erde in einer Zeit zu dienen, in der sie und die Menschheit so dringend Hilfe braucht. Wir können dankbar sein, daß solche Seelen jetzt den Weg zur Erde finden. Rudolf Steiner erwähnte auch, daß große Seelen kommen, wenn es «die Anthroposophische Gesellschaft versteht, im rechten Sinne hingebend die Anthroposophie zu pflegen».[3] Wir müssen uns fragen, was das heißt. Worauf schauen diese Seelen, wenn sie in der geistigen Welt sind und die Entscheidung treffen, ob sie zur Erde kommen und wo sie sich hinwenden wollen?

Ich kann mir vorstellen, daß sie starke, gesunde, lebendige Gemeinschaften suchen, die den michaelischen Geist pflegen, zum Beispiel Waldorfschulen, wo die mit ihr verbundenen Menschen geachtet werden: Kinder, Eltern und Kollegen. Sie brauchen Schulgemeinschaften, die Wege gefunden haben, miteinander zu leben, so daß sie den vielen Differenzen standhalten können, die jederzeit aufbrechen und eine Trennung auslösen können. Indem wir uns dem Ende des Jahrhunderts nähern, haben wir wohl alle empfunden, wie leicht es ist, sich voneinander zu trennen.

Rudolf Steiner sprach an verschiedenen Orten und in verschiedener Weise vom Ende dieses Jahrhunderts. Er wies auf die antisozialen Kräfte hin, die in diesen Jahren auftreten werden.[4] Wir erleben diese in starkem

---

3 Siehe Rudolf Steiner, *Esoterische Betrachtungen karmischer Zusammenhänge,* VI. Band, GA 240, Dornach [5]1992, Vortrag vom 18. Juli 1924.

4 Siehe zum Beispiel Rudolf Steiner, *Die sozialen Grundforderungen unserer Zeit – In geänderter Zeitlage,* GA 186, Dornach [3]1990, Vortrag vom 12. Dezember 1918.

Maß in verschiedenen sich bekämpfenden Gruppierungen rassischer, ethnischer und sprachlicher Art, und wir sind dankbar für jede Anstrengung, die im Interesse des Friedens unternommen wird. Sie lassen uns Hoffnung schöpfen, daß zwischen den sich bekämpfenden Gruppen ein Ausgleich geschaffen werden kann. Als Waldorflehrer und Anthroposophen müssen wir aber auch Rudolf Steiners Hinweis bedenken, daß die Menschen am Ende des Jahrhunderts nicht nur aus den erwähnten, mit unserer Herkunft zusammenhängenden Gründen entzweit werden, sondern auch durch Ideen und Ideologien. Es lag in der Geschichte, ja, wir können sagen im Schicksal der Anthroposophie, daß wir durch verschiedene Strömungen und Ideen voneinander getrennt wurden. Manche Menschen haben sich in den vergangenen Jahrzehnten sehr darum bemüht, das Trennende zu überwinden. Doch verhält es sich damit ähnlich, wie wir es von unserem Körper kennen: Jeder hat eine schwache Stelle, und wenn wir unter zu großer Belastung stehen, macht uns diese Stelle zu schaffen. Beim einen ist es der Rücken, beim anderen die Lunge und beim dritten der Hals. In unseren Kreisen besteht die schwache Stelle darin, daß wir es so schwierig finden, die vielen verschiedenen Strömungen unter dem Banner Michaels zu vereinigen, anstatt uns in Ärger und Feindseligkeiten auseinanderzuleben. Jetzt, am Ende des Jahrhunderts, müssen wir uns besonders um diese Schwachstelle bemühen. Unsere Schulen stehen vor schwerwiegenden sozialen Problemen, aber der Kinder wegen sind wir dazu aufgerufen und verpflichtet, das, was uns trennen will, zu überwinden.

Bei meinen Besuchen in den Schulen Nordamerikas und in anderen Erdteilen und Ländern fällt mir auf, daß es oft nicht die pädagogische Arbeit ist, die im Mittelpunkt der Sorgen steht, sondern Probleme im sozialen Verhalten in der Lehrergemeinschaft. Und wenn ich verschiedene Zweige besuche, stelle ich fest, daß der anthroposophischen Arbeit in erster Linie Spannungen zwischen einzelnen Mitgliedern im Weg stehen. Es sind nicht die Angriffe von außen – und seien sie noch so massiv –, die unsere Existenz bedrohen, sondern die Angriffe, die wir gegeneinander führen.

Ich sage dies, weil die Kinder, die auf die Erde gekommen sind, um eine bestimmte Aufgabe zu erfüllen, darauf angewiesen sind, daß wir zusammenarbeiten, wenn wir sie im Sinne Michaels unterstützen wollen. Was geschah in der Erziehung, als diese Generation anfangs der siebziger Jahre zur Welt kam? In den Vereinigten Staaten war die Erziehung in dieser Zeit durch einen starken Aufschwung der akademischen Bildung geprägt. Es genügte nicht mehr, daß die Kinder im Alter von sieben Jahren in der ersten Klasse lesen, schreiben und rechnen lernten, sie mußten dies mit fünf Jahren und später mit vier und drei Jahren tun. Es wurden Programme ausgearbeitet, um Kleinkindern durch den Einsatz von Illustrationskarten das Lesen beizubringen. Auf einer solchen Karte steht zum Beispiel das Wort «Nase». Diese hält man dem sechsmonatigen Kind vors Gesicht und sagt mehrmals deutlich «Nase! Nase!» Solche Karten werden unter anderem durch die Encyclopaedia Britannica, eines der gediegensten Nachschlagewerke im englischen Sprachbereich, herausgegeben. Auch gibt es Geräte, die akustisch auf das Kind im Mutterleib einwirken, so daß es schon vor der Geburt sprechen lernen und Musik hören kann. Für das Wecken des Bewußtseins bei den Kindern wird keine Grenze mehr anerkannt. Vorherrschend ist das Ziel, die Kinder so früh wie möglich bewußt und wach zu machen. Wachheit ist etwas anderes als die empfindungsmäßige Offenheit oder Ahnung, von der ich oben sprach (englisch: «awareness»). Wachheit fordert bewußte, intensive Aktivität des Nerven-Sinnes-Organismus; Ahnung ist etwas, das in viel feinerer Art den Körper und die Seele durchatmet.

Diese Art Früherziehung griff anfangs der siebziger Jahre auch auf Europa über. Als in den dortigen Kindergärten Lernprogramme Einzug hielten, wurde in Deutschland eine wissenschaftliche Untersuchung unternommen, in der die Wirkung von lernorientierten mit spielgerichteten Kindergärten verglichen wurde. Von jeder Sorte wurden 50 Kindergärten, also etwa 1000 Kinder, beobachtet und bis in die vierte Klasse begleitet. Dabei schnitten die Schülerinnen und Schüler aus den Kindergärten, die das Spiel in den Mittelpunkt stellten, in körperlicher, emotionaler, sozialer und mentaler Hinsicht wesentlich besser ab, was dazu führte, daß die deutschen Kindergärten wieder vermehrt das Spiel in den Mittelpunkt stellten.[5] Zu dieser Entwicklung trug ohne Zweifel auch die damals neu gegründete Internationale Vereinigung der Waldorfkindergärten bei.

---

[5] *Der Spiegel,* 14. Dezember 1981.

In den Vereinigten Staaten hatten wir zu diesem Zeitpunkt keine Waldorfkindergarten-Vereinigung. Es wurde sogar die Meinung vertreten, die Einrichtung von Kindergärten sei nicht im Sinn Rudolf Steiners, sondern eine neuzeitliche Verfälschung seiner Intentionen in bezug auf die Erziehung kleiner Kinder vor Schuleintritt. So wurden wir nicht gerade ermutigt, die Probleme der Kleinkindererziehung in Angriff zu nehmen. Die Früherziehung nahm in den Vereinigten Staaten immer mehr überhand, ohne daß nachgeprüft wurde, welche Auswirkungen diese auf die Kinder hatte. Jedesmal, wenn ein Buch erschien, das davor warnte, die Kinder in ihrer Entwicklung zu forcieren, schöpfte man Hoffnung, daß die Leute endlich erwacht wären. Aber die Entwicklung schritt unaufhaltsam in Richtung Frühlernen voran. Mitte der achtziger Jahre wurden Computer in den Kindergärten und bald darauf auch in den Kleinkinderhorten bei den Drei- und Vierjährigen eingeführt. Die Angst machte sich breit, daß die Kinder den Weg in die moderne Arbeitswelt nicht mehr finden würden, wenn sie nicht schon mit vier bis fünf Jahren mit Lesen, Schreiben, Rechnen und Computern zurechtkämen.

Betrat man in den frühen neunziger Jahren irgendeinen Kindergarten in den Vereinigten Staaten, so suchte man dort vergeblich nach Spielzeug. Alles war auf Lernen ausgerichtet. Heute sind Spiele und Spielzeug ein wenig in die Kindergärten zurückgekehrt, aber sie sind immer mit einem Lernziel verbunden. Es genügt nicht, daß man Kinder einfach spielen läßt, sie sollen dabei immer auch etwas lernen. Es gibt auch außerhalb der Waldorfbewegung bedeutende Persönlichkeiten in Amerika, wie Neil Postman, David Elkind[6] und Jane Healy, die gegen diese Praxis kämpfen, aber ihre Warnungen stoßen auf Taubheit – ich nenne sie materialistische Taubheit. Vor über zehn Jahren fand an einer Universität eine Konferenz über Computer und Kleinkindererziehung mit etwa 700 Teilnehmern statt. Nachdem ich mir die verschiedenen Projekte für den Einsatz von Computern in der Erziehung angehört hatte, dachte ich, ich sei vor der Höhle Ahrimans gesessen und hätte mitbe-

6 Siehe Neil Postman, *Das Verschwinden der Kindheit,* Frankfurt/M. 1986; David Elkind, *Das gehetzte Kind. Werden unsere Kleinen zu schnell groß?,* Hamburg 1991; ders., *Wenn Eltern zuviel fordern. Die Rettung der Kindheit vor leistungsorientierter Früherziehung*, Hamburg 1989.

kommen, was für Pläne er für die kleinen Kinder schmiedete. Wenn ich Dramatikerin wäre und eine Szene aus Ahrimans Reich auf der Bühne gestalten müßte, ließe ich die ahrimanischen Wesen etwa folgendes sagen: «Wenn wir den menschlichen Geist wirklich beherrschen und an die Materie ketten wollen, dann tun wir das am besten in den ersten sieben Jahren. Dann sind die Kinder noch völlig offen und nehmen alles direkt in ihren physischen Leib auf. Mit geringer Anstrengung können wir mächtig Einfluß auf die Menschenseele nehmen. Wir können das Kind mit Fernsehen, Videos, Computern und Sachbüchern packen und seinen Geist an die Erde fesseln.» Dieser Angriff auf die Kindheit verschärft sich von Tag zu Tag, und noch ist kein Ende in Sicht. Im Lauf der nächsten fünf Jahre werden die Fernsehgeräte in den Vereinigten Staaten nicht nur 20–30 Sender empfangen wie heute, sondern etwa 500. Der Datenhighway, die Interaktion zwischen Computer und Television eröffnet eine neue Welt, wo man sich in das Geschehen auf dem Bildschirm einschalten kann. Die Welt des Kindes wird mehr und mehr in eine elektronische Kiste hineinverlegt. Können die Kinder darauf zählen, daß wir diesen Kampf für sie aufnehmen? Sie selber sind dazu nicht in der Lage.

Bei der Eröffnung der ersten Waldorfschule 1919 gab es noch keinen Kindergarten. Aber schon 1920 bat Rudolf Steiner Elisabeth Grunelius, einen Kindergarten einzurichten. Dieser wurde an Ostern 1920 eröffnet, nur war kein Raum vorhanden, so daß er nachmittags im Achtklaßzimmer abgehalten wurde, wo die Schulbänke wie damals üblich am Boden festgenagelt waren. Dadurch waren die Spielmöglichkeiten drastisch beschränkt. Im Sommerhalbjahr ging das noch an, weil die Kinder viel draußen spielen konnten, doch mußte Elisabeth Grunelius einsehen, daß es im Herbst und Winter nicht zu machen war. So wurde der Kindergarten wieder aufgegeben, und in den nächsten drei Jahren gab es keinen Kindergarten mehr. Dann beschlossen die Lehrer, einen Kindergartenraum einzurichten, doch es dauerte drei Jahre, bis dieser zur Verfügung stand, so daß erst 1926, nach Rudolf Steiners Tod, ein Kindergarten anfing, der dann auch Bestand hatte. In den Jahren davor sprach Rudolf Steiner mehrmals von der Notwendigkeit, Kindergärten zu haben. Als er aus einem Klassenzimmer kommend Nora von Baditz auf dem Gang begegnete, rief er ihr spontan zu: «Wir brauchen Kindergärten! Wir brauchen Kindergärten!»[7] Ich denke, daß er klar vorhersah, was als Angriff auf die kleinen Kinder und damit auf das spirituelle Leben der Menschen – denn darum geht es in Wirklichkeit – kommen würde.

In einem Vortrag im Rahmen der Internationalen Vereinigung der Waldorfkindergärten legte Helmut von Kügelgen aufgrund verschiedener Angaben Rudolf Steiners dar, daß in der menschlichen Entwicklung bis zum 21. Lebensjahr jede Siebenjahresphase in den folgenden 21 Jahren wiederholt und weiterentwickelt wird. Was zwischen 14 und 21 geschieht, gelangt, so kann man sagen, zwischen 21 und 28 zur Oktave in der Empfindungsseele. Was zwischen 7 und 14 erlebt wurde, wird weiterverarbeitet und erscheint zwischen 28 und 35 in der Verstandes- und Gemütsseele, und die ersten 7 Jahre werden auf der nächsten Stufe zwischen 35 und 42 in der Bewußtseinsseele gespiegelt und weiterentwickelt. Wir leben in einer Zeit, in der sich die Bewußtseinsseele entwickelt, und wir nehmen in diesem Jahrhundert einen neuen Einschlag wahr, durch den wir dem Geistigen näherkommen können. Wenn die kleinen Kinder durch die geschilderten Maßnahmen so stark an die Erde gebunden werden, daß ihr Ahnen des Geistigen unterbunden wird, so ist die Entwicklung der Bewußtseinsseele als solcher in Gefahr.

Auch in Deutschland, wo die Situation nach meinen Beobachtungen nicht so gravierend ist wie in Amerika, brauchen die Kinder Hilfe. Dies geht zum Beispiel aus einem Bericht der Universität Bielefeld hervor, wo als Ergebnis einer Untersuchung festgehalten wird, daß bei den deutschen Kindern neue Krankheitstendenzen aufgetreten sind, die sich in einer Zunahme von Nervosität, Streß, Hyperaktivität, Hautkrankheiten, Allergien, Asthma, Schlaf- und Eßstörungen äußern.[8] Auch in den Vereinigten Staaten haben wir eine markante Zunahme von Allergien und Asthma, Eßstörungen, Selbstmorden bei Jugendlichen und weiterer Probleme wie Drogen- und Alkoholkonsum bei Teenagern und Kindern. Zudem wird bei zahlreichen Kindern Hyperaktivität diagnostiziert und die Droge Ritalin verschrieben. Diese Probleme beginnen in dem Alter, wo das Kind seinen physischen Leib entwickelt. Wir können den Kin-

---

7 Mündliche Mitteilung von Nora von Baditz an Clara Hattermann, Hannover, die der Waldorfkindergarten-Bewegung davon berichtete.

8 Pressemitteilung der Universität Bielefeld, 1993.

dern eine Umgebung und eine Erziehung bieten, die ihnen helfen, einen gesunden Leib aufzubauen, oder wir können Umgebung und Erziehung so gestalten, daß sie schwere Krankheiten hervorrufen. Die Tendenz unserer Zeit ist, Krankheiten hervorzurufen, und dies hat eine einschneidende Wirkung auf die seelische und geistige Entwicklung später im Leben. Wir können verstehen, warum Rudolf Steiner sagte: «Wir brauchen Kindergärten!» Es handelt sich nicht um eine Beigabe, die der Schule zur Zierde gereicht, sondern es ist eine Einrichtung, wo wir uns als Waldorfpädagogen direkt den Herausforderungen unserer Zeit stellen können. Aber wir müssen im Interesse der Kinder zusammenarbeiten. Die Kindergärtnerinnen und Kindergärtner können diesen Kampf nicht allein aufnehmen. Natürlich werden wir uns in den Kindergärten an die Arbeit machen, und zusammen mit den Eltern – wir haben es da oft mit erstaunlichen Menschen zu tun – können wir auch etwas erreichen. Oft stellen uns die Eltern vor Probleme, sie bringen aber auch wunderbare Fähigkeiten mit, und wenn wir diese nicht sehen, dann verzichten wir auf den Beistand unserer natürlichen Verbündeten in diesem Kampf. Wir sind aufeinander angewiesen: Kindergärtnerinnen, Klassenlehrer, Professoren, Schulärzte, Heileurythmistinnen und Eltern.

Auf meinen Reisen begegne ich Kindern in allen Teilen der Welt. Oft bin ich erschüttert, wenn ich sehe, in was für karmische Situationen viele von ihnen hineingeboren wurden. In den Waldorfkindergärten trifft man zahlreiche Kinder, die Kriege durchgemacht haben, die unter Krebs leiden oder mit Aids geboren wurden. Als Erzieher möchten wir sie von Mißbrauch und Krankheit befreien und ihre Lebensbedingungen verbessern, doch ist uns dies oft nicht möglich. Wir können ihnen helfen, ihre Lasten zu tragen, sie ihnen vielleicht eine Weile abnehmen, damit sie Atem schöpfen und sie dann wieder aufnehmen können. Wir können versuchen, ihren Mut zu stärken und ihnen zu helfen, an ihrem Karma zu arbeiten und es zu akzeptieren.

Es kann nur einer mehr tun: Rudolf Steiner nannte ihn den Herrn des Karma – Christus. Er kann die Lasten übernehmen. Wenn wir für diese Kinder Hilfe suchen, dann müssen wir uns an seine unendliche Liebe, an seine karmische Tragekraft wenden.

Christof J. Wiechert

Zum Umgang mit den Karmaübungen

Können wir Karma und Reinkarnation so anschauen, daß wir für die Praxis des Lehrerberufs eine Hilfe haben? In diesem Beitrag sollen nicht die Grundlagen erarbeitet werden, sondern es wird versucht, praktische Gesichtspunkte aufzuzeigen, eine Art Erlebnis-Anthroposophie zu vermitteln.

Zu diesem Zweck möchte ich mit einem Detail beginnen, das vielleicht theoretisch ist, aber unmittelbare praktische Konsequenzen hat. Rudolf Steiner spricht davon, daß sich die pädagogische Kunst wie die Eurythmie und die Medizin karmisch aus der anthroposophischen Bewegung heraus ergeben haben: «Es ist pädagogische Kunst innerhalb der anthroposophischen Bewegung gewachsen, man möchte sagen wie etwas, das nicht durch eine abstrakte Absicht in diese Bewegung hineingekommen ist, sondern das mit einer gewissen Notwendigkeit ... schicksalsmäßig sich aus der anthroposophischen Bewegung heraus ergeben hat.»[1] Und es ist meine Überzeugung, daß der Waldorfschulimpuls sich nur weiterentwickeln kann, wenn wir diesen Befruchtungsakt aus der Anthroposophie für das Schulwesen immer neu zu vollziehen versuchen. Nur dann wird sich die Schulbewegung erneuern können, und die Frage «Was bedeutet Karma und Reinkarnation für unsere Arbeit?» wollen wir in diesem Zusammenhang sehen.

Blicken wir zunächst näher auf die Frage: Sind Karma und Reinkarnation nötig für unseren Beruf? Eine oft gestellte Frage. Wir haben

---

[1] Rudolf Steiner, *Der pädagogische Wert der Menschenerkenntnis und der Kulturwert der Pädagogik*, GA 310, Dornach [4]1989, 10. Vortrag vom 24. Juli 1924.

ja schon so lange unterrichtet, ohne die Wirklichkeit von Karma und Reinkarnation zu berücksichtigen. Man könnte meinen, dabei verhalte es sich gleich, wie wenn wir diese Frage für das eigene Leben stellen. Da ist man auch eine Reihe von Jahren durchgekommen, ohne sich mit den Gesetzen von Reinkarnation und Karma zu befassen. Dann kommt aber der Moment, wo man damit ernst macht und das Leben um eine Dimension erweitert; es wird reicher. Man wird in seinem Verhältnis zu sich selbst, zum Mitmenschen und zur Welt mehr Realist. Man bekommt zum Beispiel eine klarere Sicht auf die Wirkung einer Tat in der Zukunft. Aber das ist auch pädagogische Praxis: Ich habe einmal für ein reizendes Mädchen in der ersten Klasse einen Zeugnisspruch geschrieben, und weil ich die Brennesseln so liebe, habe ich ein Zeugnisbild mit einer blühenden Brennessel gemacht. Hinterher tat mir das furchtbar leid, wegen der Wirkung, die darauf folgte. Was wir tun, das geht in die Zukunft. Das ganz Besondere am Menschen ist, daß er das, was Vergangenheit ist, aus dem Zeitstrom herausheben kann; er kann es bewahren. Für unser Denken haben wir die Erinnerung, aber für unser Tun haben wir nichts Entsprechendes. Und daher sind wir vorerst, wenn wir uns dem Karma- und Reinkarnationsgedanken nähern, ziemlich blind.[2] Was damit in Verbindung steht, lebt in den unteren Regionen des Willens. Aber wir spüren doch: Es muß für das Leben einen Mehrwert geben, wenn wir diese Dunkelheit erhellen können. Das wollen wir jetzt versuchen.

Wenn wir von der philosophischen Begründung absehen, möchte ich zwei Haltungen, zwei Intentionen beschreiben, die meines Erachtens für das Erhellen des Karmabegriffes wertvoll sind. Die erste Intention, die erste Haltung ist die der Wahrnehmung, die zweite die der Gesinnung.

Zur Wahrnehmung ein Zitat von Rudolf Steiner: «Wenn mir jemand sagt: Ich habe heute morgen eine Dame gesehen, die hatte ein violettes Kleid an, sie war bis zu einem gewissen Grade ausgeschnitten, trug Schuhe mit hohen Absätzen – und so weiter, so ist mir das lieber, als wenn einer

---

2 Siehe Rudolf Steiner, *Theosophie*, GA 9, Dornach [31]1987, Kapitel: «Wiederverkörperung des Geistes und Schicksal».

kommt und sagt: Der Mensch besteht aus physischem Leib, Ätherleib, Astralleib und Ich.»[3]

Je abstrakter wir leben, um so weniger sehen wir: Was ist jetzt das Wirkliche an der Wahrnehmung? Wir erreichen es, wenn wir versuchen, mit einem geläuterten Willen in der Wahrnehmung präsent zu sein. Rudolf Steiner hat das oft dargetan in den Karma-Vorträgen[4], wo er darauf hingewiesen hat, wir sollten uns im Leben auf die sogenannten bedeutungsvollen Nebensächlichkeiten achten.

Und da gibt es für die Pädagogen eine harte, aber fruchtbare Karmaübung. Wir nennen sie die «pädagogische Rückschau». Man macht sich am Abend ein Bild der Kinder der Klasse. Was für ein Bild? Kein Seelenbild, nicht die lieben Gesichter, die einem sofort einfallen, sondern: Was haben die Kinder heute für Kleider getragen? Wie waren die Kinder angezogen?[5]

Wenn man in der Pädagogik überheblich zu werden droht, weil einem alles so gut von der Hand geht, dann mache man diese Übung. Je nach Temperament wird man sehr bescheiden oder sogar zerknirscht. Denn – die Übung geht weiter! – das, was fehlt, solle man mit der Phantasie ersetzen und sich dabei schämen. Und wenn man nicht von Natur aus ein Talent dafür hat, dann erfährt man mit Bestürzung, wie schlecht man eigentlich wahrnimmt. Man muß sich also helfen mit dieser Übung. Ich habe das so gemacht, daß ich mich jeweils auf eine Reihe Kinder beschränkte und dachte, die anderen werden später kommen. Aber auch das brachte ich nicht fertig; nicht einmal zwölf Kinder konnte ich so in der Rückerinnerung vor mir sehen. Dann habe ich mir während des Unterrichts im geheimen Notizen gemacht: blaue Hose, gelber Kragen und

---

3 Siehe Rudolf Steiner, *Der pädagogische Wert der Menschenerkenntnis und der Kulturwert der Pädagogik*, GA 310, Dornach [4]1989, 8. Vortrag vom 24. Juli 1924.

4 Rudolf Steiner, *Esoterische Betrachtungen karmischer Zusammenhänge*, 6 Bände, GA 235–240.

5 Siehe über die Rückschau im allgemeinen, aber zu Pädagogen gesprochen: Rudolf Steiner, *Die geistig-seelischen Grundkräfte der Erziehungskunst*, GA 305, Dornach [3]1991, Vortrag vom 20. August 1922; siehe auch ders., *Die Beantwortung von Welt- und Lebensfragen durch Anthroposophie*, GA 108, Dornach [2]1986, Vortrag vom 18. Januar 1909, «Praktische Ausbildung des Denkens».

natürlich – das ist heutzutage immer weiß –: «Nike». Dann versuchte ich, auf die Notizen immer mehr zu verzichten, damit tatsächlich das Bild entstand.

Doch warum ist diese Übung notwendig? Sie führt dazu, daß wir das irdische – nur das irdische – Bild der Kinder mit in den Schlaf nehmen, ohne Seelenstimmung dazu, ohne Soße eines Selbstes, also ein leeres Bild, nichts von mir selbst, nur das Bild. Damit dieses Bild entstehen konnte, wurde der Sehakt mit Wille geladen. So kommt das Bild in der geistigen Welt an – unberührt von meinen Sympathien und Antipathien – und wird erkannt. Es füllt sich dann mit Wesenhaftem, und wenn man am Morgen erwacht und diese Übung konsequent fortsetzt, dann merkt man: Das Verhältnis zu den Kindern bekommt sozusagen eine kurze Leitung, der Kontakt entsteht schneller und ist viel direkter. Auch merkt man, wie die Geistesgegenwart für pädagogische Situationen zunimmt.

Hier noch eine Wahrnehmungsübung, die auch schwer durchzuführen ist: Man stelle sich am Abend die Sitzordnung der Klasse vor. Das ist zu bewältigen; man kann auch den Sitzplan zu Hilfe nehmen, wenn ein blinder Fleck besteht. Und nun geht man in der Vorstellung sozusagen räumlich durch die Klasse. Und das versucht man, wie eine Konzentrationsübung, immer schneller, immer kürzer zu fassen, so daß zum Schluß im selben Moment die ganze Klasse vor einem ist.

Ich habe es nach den Sommerferien immer schwer gehabt, weil ich dachte: Da gebe ich den Kindern die Hand und empfinde: Ja, ja, schön, dich wiederzusehen! Aber es hat etwas Fades. Dann habe ich einmal über die Sommerferien jeden Abend diese zweite Übung gemacht. Und als dann der erste Schultag kam, begrüßten mich die Kinder, als ob wir gestern zusammen noch Spiele gemacht hätten. Sie waren auch sofort bereit, an die Arbeit zu gehen. Das ist natürlich alles sehr subjektiv, aber ich kann aus Erfahrung sagen: Auch wenn man solche Übungen nur ein bißchen versucht – sie haben ihre Wirkung!

Es ist erstaunlich, daß Rudolf Steiner in einem pädagogischen Vortrag den Hinweis gibt, man solle als Erzieher auf das Verhältnis des Rumpfes zu den Beinen achten, also auf die sogenannte Steh- und Sitzgröße.[6]

---

[6] Siehe Rudolf Steiner, *Der pädagogische Wert der Menschenerkenntnis und der Kulturwert der Pädagogik,* GA 310, Dornach [4]1989, Vortrag vom 18. Juli 1924.

Wir hatten in der Schule zwei Zwillingsmädchen, und ich wunderte mich immer, was mit diesen Mädchen – sie besuchten die neunte oder zehnte Klasse – los war. Sie hatten etwas Besonderes an sich, aber ich konnte nicht sehen, was es war. Die beiden Mädchen waren nicht sehr begabt, hatten aber zu Hause auch ziemlich dramatische Lebensverhältnisse durchzustehen. Trotzdem bewegten sie sich im Schulhaus mit einer unglaublichen Selbstverständlichkeit; etwas Unerschütterliches ging von ihnen aus. Und eines Tages sah ich es: Sie hatten außergewöhnlich kurze Beine!

Dazu sagt Rudolf Steiner: Im Verhältnis des Rumpfes zu den Beinen, das heißt in den kurzen Beinen und in dem großen Rumpf drückt sich aus, daß das vorige Leben sich auf harmonische Weise in dieses Leben eingliedern kann. Tatsächlich konnte ich das auf einmal beobachten. Man sah diese zwei Mädchen, die jetzt von der Schule sind, auf eine ganz selbstverständliche Art ihren Lebensweg gehen. Es war für mich ein Aha-Erlebnis.

Ich habe einen ganz lieben, an sich begabten Jungen in meiner Klasse (drittes Schuljahr), der zwei besondere Eigenschaften hat. Die eine ist, daß er für sein Alter – auch als Junge – viel zu anschmiegsam ist; er will immer neben mir stehen, mir in der Pause eine Hand geben, auf meinem Schoß sitzen und so weiter. Die andere Eigenschaft ist, daß er mir und der Klasse jeden Tag sagen muß, bei wem er alles gespielt hat. Lange Zeit dachte ich: Na, komm! Ist denn das nötig? Woher dieses Bedürfnis? Auf einmal wurde mir bewußt: Er hat eine ausgesprochen häßliche Stimme, sie tönt wie Blech, das auf Blech reibt. Und in demselben Vortrag, den ich vorhin nannte zum Verhältnis zwischen Beinen und Körper, beschreibt Rudolf Steiner auf erschütternde Weise, wie eine solche Stimme im Kindesalter darauf hinweisen könnte, daß das Karma stockt. Dann – so Rudolf Steiner – ist es unsere Aufgabe, dem Kind zu helfen, «daß dieses Karma herauskommen kann». Wenn man solche Gesichtspunkte hat, beginnt man ein Kind anders zu sehen. Man erlebt, wie es sich bemüht, in dieses Leben gut hineinzukommen, wie es sich Stützen sucht, um den Weg gehen zu können. Aus solcher Erkenntnis kann sich beim Lehrer Liebesfähigkeit entwickeln.

Was können wir in einer solchen Situation tun? Man nimmt sich vor, Wegbegleiter des Kindes zu sein, aus dem Verständnis heraus so mit ihm zu arbeiten, daß sich das Stockende lösen kann. In dem schon erwähnten Vortrag wie auch in anderen pädagogischen Vorträgen gibt Rudolf Steiner ähnliche Hinweise zum Stottern, zur Sehkraft der Augen, zum Schielen, zur Sprachbegabung – alles in Zusammenhang mit Karma und Reinkarnation.

Wir kommen zu einer anderen Wahrnehmungsgruppe, der letzten. Ich habe einen Jungen mit riesigen Plattfüßen in der Klasse, der wie ein Frosch läuft. Oben ist er wie ein Prinz und unten wie ein Frosch. Wenn er auf seinem Stuhl sitzt, dann hängt auch alles. Am liebsten zieht er seine Beine auch noch ein. In der ersten Klasse konnte er nicht frei die Treppe hochsteigen, und als ich ihn bei Schulbeginn zum ersten Mal sah, dachte ich, er sei leicht spastisch oder habe sonst eine ernsthafte Behinderung. Er lernt gut und hat merkwürdigerweise eine schöne Handschrift. Als wir – das heißt die Eltern und ich – den Jungen zu einem Kinderarzt brachten und diesen fragten, was mit diesem Kind sei, antwortete er: «Nichts!» Dann las ich in einem Vortrag von Rudolf Steiner: Zwischen sieben und vierzehn drückt sich im Bewegungsgestus des Kindes das Berufskarma des vorigen Lebens aus.[7] Sogleich stellt sich die Frage: Was mache ich damit? Wir unternahmen eine Schulreise und kamen auf eine von Bäumen umsäumte Wiese. Auf einmal war der Junge ganz allein. Er sah mich nicht, und ich merkte, daß er allein zu sein glaubte. Auf einmal begann er im Kreise herumzutraben wie ein Fohlen, es war wunderbar anzusehen. Ich schaute ihm gebannt zu, und plötzlich wußte ich: Da drückt sich keine Krankheitsanlage aus, sondern da drückt sich Mitgebrachtes aus. Und damit wollen wir arbeiten. In den nächsten Monaten lenkten wir ihn in der Schule so, daß er immer die Arme und Beine gebrauchen mußte. Er wurde eine Art Inspizient der Klasse: rückte Stühle und Bänke zurecht, trug dafür Sorge, daß alles bereitstand. In der Eurythmie ließen wir ihn entweder nur die Beine oder nur die Arme gebrauchen. Und im Lauf von zwei Jahren ging er fast normal.

---

[7] Rudolf Steiner, *Das Karma des Berufes des Menschen in Anknüpfung an Goethes Leben*, GA 172, Dornach [5]1991, Vortrag vom 13. November 1916. Siehe dazu auch Rudolf Steiner, *Die Erziehungsfrage als soziale Frage*, GA 296, Dornach [4]1991, Vortrag vom 15. August 1919: «Wir müssen lernen, in dem heranwachsenden Kinde die Fortsetzung seines Aufenthaltes in der geistigen Welt zu sehen.»

Das sind nur Streiflichter, aber sie machen unsere Arbeit ungeheuer interessant und lebendig, und man entwickelt Liebe für die Kinder, wenn man solche Lichter auf sie scheinen lassen kann.

Gehen wir nun über zum zweiten Teil, zu dem, was ich die «Gesinnung» nennen möchte. Rudolf Steiner nannte die Lehrerkonferenz einmal eine «kontinuierliche Hochschule für Psychologie». Und dazu gehört nach meiner Ansicht das folgende: Das Kind – sagen wir bis zum 14. Jahr – ist der geistigen Welt noch näher als ein erwachsener Mensch. Einfach aufgrund des fortgeschritteneren Alters sind die Lehrerinnen und Lehrer weiter von der geistigen Welt entfernt, es sei denn, sie unternehmen etwas, um ihr näher zu kommen. Was ist die Konsequenz der Tatsache, daß die Kinder der geistigen Welt näher stehen? Sie haben noch ein lebendiges, bildhaftes, plastisches Denken, und aufgrund dieses Denkens urteilen sie über die Lehrer. Wir Lehrer sind viel älter und wähnen uns auch viel klüger und vernünftiger, doch ist unser Denken meistens steif geworden. Das drückt sich darin aus, daß wir denken: Wir sind vernünftig, und die Kinder sind noch dumm. Wie sieht das im Unbewußten aus? Dort sieht es für das normale Kind so aus, daß es den Lehrer eigentlich lächerlich findet und ihn zum besten halten will, was es dann an der Grenze des Bewußtseins auch gern tut; das ist ein Naturprozeß. Wie sieht das im Unterbewußten des Lehrers aus? Er nimmt diese Fähigkeit des Kindes wahr und beneidet es eigentlich um dieser Fähigkeit willen. Er beneidet das Kind um dessen unverbrauchte Frische.

Diese Zusammenhänge führen zu der Frage: Leben wir von den Kindern oder leben wir für die Kinder? Die beschriebenen unbewußten Beziehungen zwischen Kindern und Erwachsenen müssen wir ins Bewußtsein heben und dadurch gleichsam erlösen. Denn wenn diese Beziehung, die jeder auf seinem Seelengrund hat – einfach wegen des Altersunterschieds –, unerlöst bleibt, werden wir in der Erziehung nicht fruchtbar auf das Karma des Kindes einwirken können, das heißt, wir können nicht darauf hinwirken, daß die Wesensglieder für das Selbst und die Aufgaben des Kindes passend werden. Wie aber können wir das erreichen?

Ein erster und in unserer Zeit unglaublich wichtiger Schritt ist, daß wir unsere Gescheitheit in Frage stellen und etwas in den Hintergrund rücken. Als ich neulich mit der U-Bahn durch Hamburg fuhr, bemerkte ich auf den Fensterscheiben einen Kleber des Rudolf-Steiner-Lehrerseminars Hamburg. Da stand mit goldenen Buchstaben auf blauem Hintergrund ein Zitat von Joseph Beuys: «Ich bin auf der Suche nach dem Dümmsten». Und auf einmal kam mir der Gedanke: Beuys sucht nach der unverbrauchten Denkkraft. Diese können wir in den Kindern wahrnehmen, darin, wie sie sprechen, wie sie denken und wie sie phantasieren, und auch darin, wie sie urteilen. Ich hatte einen Todesfall zu beklagen, und eine Drittkläßlerin schrieb mir einen Brief: «Lieber Lehrer, es tut mit leid, daß XY gestorben ist. Aber das Leben geht weiter. Ich denke, am Donnerstag, vielleicht am Mittwoch bist du schon zurück.» Was begegnet einem da? Kristallklare Helle! Liebe und Wärme und Licht sind bei diesem kindlichen Naturell im Gleichgewicht.

Aber das sind Kräfte, die wir auch in uns wieder wecken können. Ich habe manchmal den Eindruck, daß diese Kräfte, diese Möglichkeiten, dieses Lebendigmachen des Denkens heutzutage namentlich in den Waldorfschulen bedroht sind. Und die Namen, die wir dafür geben, sind dann «Professionalisierung», auch «Spezialisierung». Wir wissen aber alle, daß Rudolf Steiner für die Unterstufe ausdrücklich keine Spezialisten als Klassenlehrer wollte.[8]

Ein schwieriges Kind ist für die Klasse, was das Salz für das Ei ist. Rudolf Steiner sagte in den Konferenzen, aber auch in den pädagogischen Vorträgen: Die schwierigen Kinder – achtet darauf! Das sind die Starken im späteren Leben, die Starken und Gesunden.[9] Nun gibt es die Redensart: «Die Kinder werden immer schwieriger.» Ich glaube das nicht. Man sieht zwar, daß das Leben immer komplexer wird. Und man sieht tatsächlich Kinder, die völlig unbändig sind. Wir sehen aber auch, daß diese Kinder für die Entwicklung des Klassengeistes oft sehr wichtig sind. Wir können erkennen, daß solche Kinder in ihrer Schwierig-

---

[8] An verschiedenen Stellen, besonders prägnant in: *Der pädagogische Wert der Menschenerkenntnis und der Kulturwert der Pädagogik*, GA 310, Dornach [4]1989, Vortrag vom 21. Juli 1924.

[9] In den Konferenzen an mehreren Stellen, unter anderem am 21. Juni 1923 und am 27. März 1924, abgedruckt in: *Konferenzen mit den Lehrern der Freien Waldorfschule 1919 bis 1924*, GA 300, Dornach 1995.

keit, in ihrer Ungezogenheit damit beschäftigt sind, ihre Wesensglieder zurechtzurücken, damit etwas Ordentliches daraus entsteht. Was äußert sich beim brüllenden Kind oder beim Kind, das dem Lehrer etwas Unflätiges an den Kopf wirft? Nichts anderes als eine kräftige Seele, die noch keinen Halt hat. Nun meine ich namentlich in den Waldorfschulen westlicher Gebiete wahrzunehmen, daß wir Lehrer oft eine ausgesprochene oder unausgesprochene Idealvorstellung davon haben, wie eine kindliche Entwicklung sein soll, und diese basiert auf einem mehr oder weniger theoretischen Menschenbild. Man nimmt dann wahr, wie aus einer Berufsexistenzangst das Bestreben entsteht, eine «brave» Klasse zu haben, eine Klasse, die dem mehr oder weniger theoretischen Menschenbild, das man hat, entspricht. Das aber ist ein Streben nach einem Durchschnitt. Durchschnittsklassen und Durchschnittskinder existieren nicht. Und aus diesem oft nicht ganz bewußten Streben entsteht die für Waldorfschulen so gefährliche Spannung zwischen Theorie und Praxis.

An dieser Stelle muß auch gesagt werden: Es ist für den Umgang mit den Siebt-, Acht-, Neuntkläßlern nicht förderlich, wenn die Stärke, die uns die Vorstellungsinhalte der Anthroposophie verleiht, zur Starrheit wird. Für die Ärzte konzipierte Rudolf Steiner den Begriff des Heilerwillens, für die Pädagogen den Begriff der *Pädagogenliebe*[10]. Wie übt man diese Pädagogenliebe? Natürlich kann ich nur von persönlichen Erfahrungen sprechen. Am Anfang nehme ich mir vor, das Elternhaus, aus dem die Kinder stammen, zu lieben, es so zu nehmen, wie es ist. Ich möchte dazu ein Beispiel geben. Wir hatten in der Schule, im Kindergarten, ein Zwillingspaar, ein Junge und ein Mädchen. Sie waren groß wie Zweitkläßler. Ihr Benehmen war ganz unbändig. Dieses Unbändige wurde – mit einigem Recht – dem Elternhaus vorgeworfen. Es war eine Familie mit Kindern in vielen Klassen, und diese Kinder waren alle ausgesprochene Charaktere. Die Probleme mit diesen Kindern führten fast zu einer Schulkrise – bis sich dann ein Kollege dieser Familie annahm. Er lernte das Elternhaus gern haben und nahm das Außergewöhnliche

---

[10] Siehe *Rudolf Steiner in der Waldorfschule*, GA 298, Dornach [2]1980, Elternabend vom 13. Januar 1921.

dieser Kinder nicht als Bedrohung, sondern als pädagogische Herausforderung. Die Zwillinge kamen in seine Klasse, und in kürzester Zeit normalisierten sich die Verhältnisse. Der Körperwuchs blieb ein wenig zurück, und die beiden Kinder zeigten ganz wunderbare Eigenschaften, sowohl im Moralischen wie in bezug auf das Lernen.

So einen Fall kennt natürlich jeder. Aber der springende Punkt wird nicht immer gesehen: Der Anfang liegt bei der Bejahung des Außergewöhnlichen. Wenn das da ist, kann sehr vieles geschehen.

Es folgen zwei Beispiele zur Illustration der Tatsache, daß wir die Folgen kaum abschätzen können und tief ins Leben eines Kindes eingreifen, wenn wir es von der Schule weisen. In einer Schule wird ein schwieriger Junge – ein sehr, sehr schwieriger Junge – in der neunten Klasse hinausgeworfen. Am Tag, nachdem das geschehen ist, erleidet er einen Verkehrsunfall, der ihn für den Rest seines Lebens behindert. Ich will daraus keine Folgerung ziehen, nur die Tatsachen aufzeigen. Ein zweites Beispiel, das in einer Arbeitsgruppe berichtet wurde: In der 10. Klasse hatte ein Kollege nach schweren inneren Kämpfen einen Jungen zu sich gerufen und gesagt: «Meines Erachtens ist es besser, du verläßt uns.» Er tat dies nicht, weil der Schüler schwierig war, sondern weil er einfach nichts mehr arbeitete. Viele Jahre später begegnet der Lehrer dem inzwischen zum Mann herangewachsenen Schüler. Dieser bedankt sich und sagt: «Es war wohl ein krisenhafter Moment, aber ich sehe, es war für mich das Richtige.» Es stellt sich nun die Frage: Sind wir in der Oberstufe beweglich genug, um das, was im modernen Seelenleben der Jugend lebt, was dessen karmische Forderungen sind, in angemessener Art zu beantworten?

Eine hauptsächliche Angst lebt in mir in bezug auf unseren Beruf, nämlich daß viele wichtige Seelen, die jetzt zur Verkörperung schreiten, um in dieser Zeit Mensch zu werden, die Waldorfschule vielleicht nicht mehr interessant finden könnten.

An den beiden zuletzt gegebenen Beispielen sieht man, daß durch die Lehrer zukunftsträchtige Entscheidungen getroffen werden. Die Frage stellt sich: Wie befähigen wir uns dazu?

Jedes Leben ist eingespannt zwischen Vergangenheit und Zukunft. Was kommt in einem Kind aus der Vergangenheit, auch aus dem Vorgeburtlichen, was wirkt aus der Zukunft herein? Ein Großteil der *Medita-*

tiv erarbeiteten Menschenkunde[11] ist dieser Polarität gewidmet. Wie lebt das Kind mit diesen beiden Kräftewirkungen? Dazu gibt Rudolf Steiner folgende Übung: Man solle sich von Zeit zu Zeit möglichst konkrete Vorstellungen machen davon, wie ein Schüler in zehn oder fünfzehn Jahren sein wird. Was wird er tun? Wie sieht er aus?[12] Auf Grund des Vergangenen und Gegenwärtigen tastet man sich zu dem vor, was werden kann. Das ist wie ein Vorstoß ins Inspirative. Es wirkt zurück auf die Gegenwart, und zwar so, daß man erlebt, wie im Kontakt mit den Schülerinnen und Schülern etwas von Geistesgegenwart hereinleuchtet. Manchmal entsteht so etwas unmittelbar im Gespräch mit ihnen.

Ich möchte mit einer Gesinnungsübung für uns als Kollegen schließen. Man kommt zu der Überzeugung: Wenn wir den Karmabegriff ein wenig erhellen können, wirkt er auch sozial gestaltend. Es gibt eine Übung, die Rudolf Steiner sinngemäß folgendermaßen beschreibt: Wisse oder empfinde, daß du nur unterrichten kannst und es gut tun kannst, weil deine Kollegen auf ihrem Platz auch nach ihrem Vermögen ihr Bestes tun.[13] Wir wissen aus der Praxis, daß diese Seelenstimmung gar nicht selbstverständlich ist; wir wissen auch, daß die Realität einer solchen Haltung oft nicht förderlich ist. Doch wie mache ich es, daß ich in meinem Verhältnis zu meinen Kollegen nicht das Fertige anspreche, sondern das Werdende? Ich hoffe auch, daß meine Kollegen in mir eher das Werdende ansprechen als das, was ist. Und gerade, wenn die Voraussetzungen am schlechtesten sind, ist es äußerst wichtig, in der Seele eine solche Empfindung zu bilden.

Das allergrößte Ereignis ist, in sich selber zu entdecken, daß man noch mindestens so viel zu lernen hat wie die Kinder. Und wenn es uns gelingt, das zu erleben, dann werden wir mit der Schule ein gutes Stück weiterkommen.

---

[11] Rudolf Steiner, *Meditativ erarbeitete Menschenkunde*, in: *Erziehung und Unterricht aus Menschenerkenntnis*, GA 302a, Dornach ⁴1993.

[12] Siehe Rudolf Steiner, *Allgemeine Menschenkunde als Grundlage der Pädagogik*, GA 293, Dornach ⁹1992, Vortrag vom 22. August 1919.

[13] Siehe Rudolf Steiner, *Konferenzen mit den Lehrern der Freien Waldorfschule*, Band 3, GA 300c, Dornach 1995, Konferenz vom 16. Oktober 1923.

Heinz Zimmermann

Das Schicksal der anthroposophischen Schulbewegung am Ende des Jahrhunderts

In seiner Einleitung entwickelt Stefan Leber die Grundlage von Reinkarnation und Karma und ihre Konsequenzen im Weltbild, wenn wir den Aspekt des Biographischen ins Nachtodliche und Vorgeburtliche hinein erweitern. Ernst-Michael Kranich setzt dann so fort, daß er die Umstülpung von Gliedmaßen zum Kopf von einem Leben zum nächsten zeigt. Die bestürzende Herausforderung der Anthroposophie ist es ja, daß sie das Geistige bis in die Leiblichkeit, in die Sinnesanschauung verfolgt. Mit Pirkko Helakangas tun wir dann einen Blick in die praktische Unterrichtstätigkeit; besonders eindringlich weist sie auf das Problem hin, nicht zu früh zum Urteil zu kommen und insbesondere Imaginationen von Visionen zu unterscheiden. Robert Thomas legt anschließend anhand eines erschütternden Briefes einer neunten Klasse dar, wie wir nur durch unsere eigene Aktivität überhaupt eine Beziehung zu dieser Altersstufe finden können. Martyn Rawson und Anne Tandree gehen in der Form eines Dialogs auf all das ein, was Aufgabe in der Zusammenarbeit im Kollegium ist, was zusammenhängt mit dem Schicksalsgeflecht des Schulorganismus. Joan Almon lenkt unsere Aufmerksamkeit auf das erste Lebensjahrsiebt, und wir fühlen uns aufgefordert mitzuhelfen, daß der Schutzraum für das Kleinkind geschaffen wird. Christof Wiechert wirft danach ganz praktisch die Fragen auf, wie wir konkret in bezug auf die Unterrichtstätigkeit mit dem Gedanken von Reinkarnation und Karma umgehen können. Alle diese Ausführungen betreffen somit vor allem die karmischen Beziehungen innerhalb des Schulorganismus.

Nun gibt es aber auch das Schicksal einer ganzen Schulbewegung, das wiederum mit dem Zeitenschicksal innig zusammenhängt. Es ist etwas Bewegendes, zu spüren, daß es Fragen gibt, die alle Schulen über die ganze Welt intensiv beschäftigen. Diese Fragen lassen sich auf drei Komplexe konzentrieren:

1. Wie kommen wir an neue Kräftequellen? Wie können wir uns neu für die Sache begeistern? Wie können wir das Bleigewicht des Alltages überwinden?
2. Wie kommen wir zu einer harmonischen Zusammenarbeit mit den Kolleginnen und Kollegen und mit den Eltern?
3. Wie können wir unsere Aufgabe so durchführen, daß wir aktuell bleiben und doch eine Waldorfschule sind?

Die Antworten auf diese Fragen können wir nicht aus der Tradition finden, wir können sie aber auch nicht finden, indem wir einfach blind, aus der Willkür heraus darauflos experimentieren, in der Überzeugung, alles müsse neu werden, alles sei verkrustet und veraltet, und wir probieren dieses und jenes. Weder die Tradition noch die Willkür können weiterhelfen, sondern wir werden zu der Frage gedrängt: Wie kommen wir an die Quellen heran, aus denen wir jeden Tag Waldorfpädagogik neu begründen können, im Klassenzimmer, im Lehrerkollegium, in den Gesprächen mit den Eltern und den Behörden, aus der Aktualität der Zeit heraus.

Um zu einer solchen Neubegründung zu kommen, brauchen wir den Blick auf die Gründungsvorgänge der Waldorfpädagogik, aber nicht im traditionell historischen Sinne, sondern so, daß wir darin Urbilder finden, die wir in uns selber jeden Tag neu lebendig machen können. Die Betrachtung der beiden violetten Fenster (Abb. S. 108/109) im Großen Saal des Goetheanum mögen uns dazu dienen.

Wir betrachten zuerst das violette Geburtsfenster im Süden. Auf dem Hauptmotiv sehen wir eine Janusgestalt, ein Doppelgesicht, das in die Vergangenheit der geistigen Welt und in die Zukunft der kommenden Verkörperung blickt, und wir sehen, wie sich die Geistseele anschickt, sich mit dem Körperleib zu verbinden; rechts unten das Elternpaar, das durch die Geistseele zusammmengeführt wurde. Die Kindesliebe ist ja vor der Elternliebe: Das Kind führt die Eltern zusammen, um die Möglichkeit zu bekommen, sich auf der Erde zu inkarnieren. Die beiden Nebenmotive zeigen, was Rudolf Steiner am Beginn der «Allgemeinen

Menschenkunde»[1] beschrieben hat: Im linken Motiv sehen wir, wie aus den Vererbungskräften unter Mithilfe der geistigen Mächte die Leibesgrundlage gebildet wird: der Körperleib oder Leibeskörper, wie es in der «Allgemeinen Menschenkunde» heißt. Im rechten Nebenmotiv sehen wir dann im Zusammenhang mit den Hierarchien die Geistseele herunterschweben, die sich mit dem Körperleib verbinden soll. Der Lehrer ist der Fortsetzer, der sein Mandat aus der geistigen Welt bekommen hat, das Mandat, das Kind so anzuregen, daß sich Geistseele und Körperleib in der rechten Weise verbinden können, daß es zum rechten Atmen und zum rechten Schlafen kommen kann, daß es den rechten Rhythmus finde zwischen Geist und Materie, zwischen Irdischem und Himmlischem. Das Fenster der Geburt zeigt uns den Inkarnationsvorgang aus der zarten Welt des Vorgeburtlichen, wo wir sehen können: Diese Welt ist die wahre Wirklichkeit, und wir haben die Aufgabe, das Kind so zu begleiten und zu beschützen, daß es den Weg aus seinen vorgeburtlichen Impulsen heraus in die sinnliche Welt findet. Kurz vor seiner Geburt hat der Menschengeist einen Vorblick über seine künftige Inkarnation, er sieht die künftigen Begegnungen, die künftigen Schicksalsbeziehungen und wird seines eigenen Gestaltungswillens in dieser nächsten Verkörperung inne.

Aber nicht nur auf das Fenster der Geburt, sondern auch auf dasjenige des Todes und der Welt jenseits dieser Schwelle hat der Lehrer seinen Blick zu wenden. Wir betrachten daher auch das Hauptmotiv des violetten Fensters im Norden. Der eben Verstorbene liegt aufgebahrt, Angehörige stehen bei ihm, und er erlebt die Rückschau auf die vergangene Inkarnation. Er verfolgt den Lebensweg vom Greisenalter zum mittleren Alter, zur Jugend und schließlich zur Wiege zurück. Die Gesetzestafeln des Moses mit dem Auge Gottes darüber stehen für den karmischen Ausgleich. Aber auf der anderen Seite des Lebensweges stehen die drei Kreuze von Golgatha für die karmische Zukunft – Moses und Christus als diejenigen, die das karmische Geschehen begleiten. In den unteren Nebenmotiven sehen wir auf der linken Seite, wie sich der Leibeszusammenhang auflöst. Der physische Leib in Form des Skeletts bleibt

---

[1] Rudolf Steiner, *Allgemeine Menschenkunde als Grundlage der Pädagogik*, GA 293, Dornach [9]1992.

Violettes Fenster im Süden (Goetheanum)
Nach einem Kupferstich von Assia Turgenieff

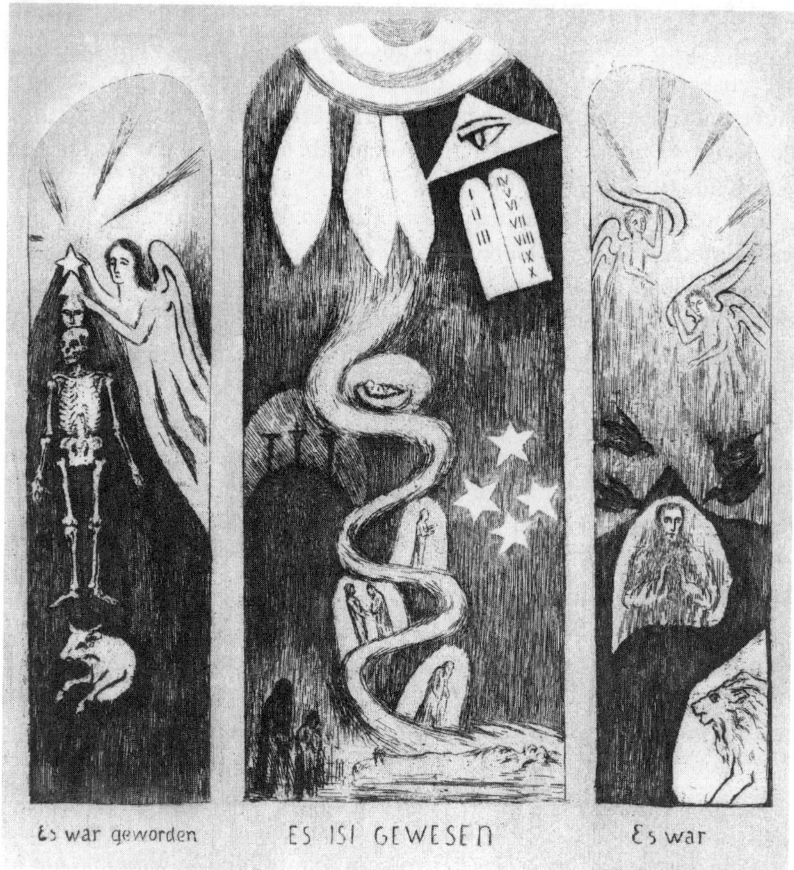

Violettes Fenster im Norden (Goetheanum)
Nach einem Kupferstich von Assia Turgenieff

zurück, der Ätherleib löst sich wie eine Maske, dann darüber der Astralleib in Form eines Dreiecks und schließlich zuoberst der Fünfstern, der Wesenskern des Menschen in der Hut des Schutzengels. Im rechten Nebenmotiv ist die Wiederverkörperung veranschaulicht in dem Bilde des Kaisers Barbarossa, der sich von den Raben sagen läßt, wann die Zeit der Reinkarnation gekommen sei.

Die neue Psychologie, die unserer Pädagogik zugrunde liegt, rechnet mit den Schwellen von Geburt und Tod bis ins Praktische hinein. In der vorstellenden Tätigkeit haben wir das Bild des vorgeburtlichen Lebens, im Willen den Keim zur nachtodlichen Wirklichkeit, und im Zusammenwirken von Sympathie und Antipathie im menschlichen Seelenleben, im Gefühl begegnen sich die beiden Ströme in der irdischen Verkörperung. Die anthroposophische Menschenkunde kann uns, wenn wir sie aktiv ergreifen, selber die Fähigkeiten entwickeln, zu diesen Welten auf einem gesicherten Wege eine Beziehung aufzubauen, und Rudolf Steiner zeigt uns auch zu Beginn des Begründungskurses, wie wir mit der Welt der dritten Hierarchie in eine lebendige Beziehung kommen können.

Daß wir die Möglichkeit haben, den Bereich der Nacht des Vorgeburtlichen und jenen des Nachtodlichen in so konkreter Weise in unser tägliches Tun einzubeziehen, müßte uns eigentlich zu der Frage führen, warum uns diese Möglichkeit nicht restlos begeistert und Tag für Tag begleitet. Sicher gehört es zu den zentralen Aufgaben eines Waldorflehrers, sich immer wieder an solchen Gedanken das Feuer für die Erziehungsaufgabe neu zu entfachen, aber wir stehen in unserer ganzen Zeit und mit unserem ganzen Wesen in einem Kampffeld, wo wir nicht nur in der Welt, sondern konkret in unserem eigenen Wesen die Auseinandersetzung mit den Kräften des Bösen erleben. Auch das gehört zur Schwellensituation des 20. Jahrhunderts und ist in dem roten Fenster im Westen (Abb. S. 111) urbildhaft dargestellt. Der sich geistig entwickelnde Mensch steht an der Schwelle zur geistigen Welt und blickt in den Abgrund, wo drei Tiere aufsteigen. Es ist der Blick in den Abgrund der eigenen Vergangenheit. Wir erblicken wesenhaft die Tiere in uns selber: unser böses Denken, Fühlen und Wollen in einem zerschmetternden Doppelgängererlebnis. Dadurch, daß die Menschheit als ganze die Schwelle zur übersinnlichen Welt schon überschritten hat, spiegelt sich

Rotes Fenster über dem Westportal (Goetheanum)
Nach einem Kupferstich von Assia Turgenieff

in jedem einzelnen Menschen die Situation des Abgrunds mit den drei Tieren im täglichen Leben. Das Denken, das vom Ich nicht bewußt ergriffen wird, ist entschlußlähmend, tot und unverbindlich. Die leibgebundenen Gefühle zeigen sich emotional gruppenhaft, und der Wille wirkt gelähmt oder chaotisch brutal. Wir begegnen den Widersachermächten, die uns daran hindern wollen, aus unserem geistigen Zentrum heraus Denken, Fühlen und Wollen zu durchdringen, in der Gegenwart vor allem in zwei Gestalten: der Angst und der Bequemlichkeit. Es sind Feinde, die verschiedene Gesichter zeigen und tagtäglich zu erleben sind. Wir finden sie bei den Kollegen, im Unterricht, in der Konferenz als Handlungslähmung; wir fühlen uns überfordert. Daraus entsteht ein schlechtes Gewissen. Wir sollten das machen, wir sollten dies machen, wir sind gestreßt, fühlen uns krank. Zu Hause gibt es Aufgaben; man weiß nicht mehr, wo aus und ein. Panik macht sich breit, und damit schwindet die Möglichkeit, an jene Quellen heranzukommen, die uns begeistern können. Angst vor jeder Stunde, vor den Kindern, vor den Eltern, vor den Kollegen. Aber die Angst kleidet sich auch in die Maske der Bequemlichkeit, weil wir den Boden nicht verlieren wollen, weil wir nicht wollen, daß der Sessel, auf dem wir sitzen, weggezogen wird. Wir können mit verhältnismäßig geringem seelischem Aufwand über Reinkarnation und Karma, über Michael, über Christus, über die soziale Dreigliederung und so weiter sprechen. Wir können darüber sprechen, uns dabei zurücklehnend, was alles verwirklicht werden müßte, und sind damit in dem Bereich, den Rudolf Steiner im ersten Satz der «Allgemeinen Menschenkunde» «intellektuell-gemütlich» nennt.[2] Das «Geistig-Moralische» bedeutet ja, daß man die Verantwortung übernimmt für das, was man denkt, und das heißt, Wille und Denken zusammenzuschließen. Das braucht Mut, der nicht aus der Leiblichkeit aufsteigt, sondern der selbst erzeugt werden muß.

Die Überwindung der Furcht vor dem übersinnlichen Geistigen, vor der Verbindlichkeit kann die verschiedensten Formen annehmen. Ich weiß von einem Menschen, der mit 28 Jahren eine alte Dame, die er kurz zuvor kennengelernt hatte, beim Sterben begleitete. Er versuchte, aus der Anthroposophie heraus sich nach dem Tod mit der Verstorbenen zu verbinden, und indem er sich innerlich zu ihr wendete, spürte er plötzlich – es war kurz vor dem Einschlafen –: Jetzt kommt sie wirklich. Und was geschah? Eine elementare Angst stieg aus der tiefsten Seele auf und führte dazu, daß er die bevorstehende Begegnung wieder abwies.

Wenn sich die Bereiche von Denken, Fühlen und Wollen zu verselbständigen drohen und das Ich sie nicht bewußt ergreift und koordiniert, werden sie eigendynamisch und böse. Viele Symptome der Gegenwart können wir aus dieser Tatsache verstehen, so zum Beispiel den Gegensatz von Fundamentalismus und Pluralismus. Ob es religiöser, nationaler, wissenschaftlicher oder anthroposophischer Fundamentalis-

---

[2] Rudolf Steiner, *Allgemeine Menschenkunde als Grundlage der Pädagogik,* GA 293, Dornach [9]1992, Vortrag vom 21. August 1919.

mus ist, als Gemeinsamkeit finden wir immer Emotionalisierung, Zersplitterung, Gruppenfanatismus und individuelle Blindheit. Dem steht die Haltung gegenüber: Es gibt keine verbindliche Wahrheit, es gibt nur Meinungen; alles ist beliebig, für alles gibt es Alternativen, alles ist interessant: neben der Eurythmie Tai-chi, neben dem anthroposophischen Schulungsweg Yoga oder transzendentale Meditation.

Beidem liegt die Haltung zugrunde, daß der individuelle Mensch kein geistiges Entwicklungswesen ist, sondern entweder ein Gruppenwesen oder ein Zufallsprodukt. Wir finden in ganz spezifischen Fragen an unseren Schulen diese beiden Tendenzen gleichermaßen. Wenn wir zum Beispiel die Frage stellen: Ist die Waldorfschule christlich?, dann kann das eine Schulgemeinschaft in zwei Parteien spalten. Die einen können nicht verstehen, daß man eine solche Frage überhaupt zu stellen wagt, denn selbstverständlich ist die ganze Anthroposophie christlich, folglich auch die Waldorfschule, während die andere Richtung darauf hinweist, daß es gerade das Kennzeichen einer Waldorfschule sei, daß sie unabhängig von Religion und Weltanschauung allen Menschen offen sein müsse, und das Schlagwort «multikulturell» wird als Argument gebraucht, um die Christlichkeit der Waldorfschule als eine unzulässige Verengung zu bezeichnen. Überall wo Parteienbildung entsteht, wirkt bereits das Tier, und wir können es nur überwinden, wenn wir eine solche Frage wie die nach der Christlichkeit der Waldorfschule in einem viel tieferen Sinne zur Forschungsfrage machen und uns nicht von Modeströmungen her oder von Emotionen bestimmen lassen. Das gleiche gilt für die Frage nach der Erneuerung des Lehrplanes: Die Schlagworte «traditionell» oder «modern» bringen uns keinen Schritt weiter.

Ganz elementar tritt uns die Trennung zwischen Denken und Wollen entgegen, wenn wir auf die Motorik blicken. Auf der einen Seite finden wir heute den Menschen bewegungsarm vor dem Computer oder Fernseher sitzend oder sonst als Zuschauer, auf der anderen Seite verlieren wir die Mitte in der Technoparty, im Fitneßcenter, im Jogging und einseitigen Sport, indem wir in eine ebenso einseitige Bewegung hineinrutschen. Wir laufen dauernd Gefahr, die Mitte zu verlieren, und die zentrale Frage unseres Menschseins und damit auch unserer Pädagogik ist es, wie wir die Kräfte der Mitte entwickeln können, wie wir die drei Seelenkräfte als Ausdruck unseres geistigen Zentrums machen können.

Statt solche Worte wie «Antirassismus» oder «multikulturell» oder «christlich» emotional oder im Sinne des Pluralismus zu brauchen, können wir uns schlicht fragen: Interessieren wir uns denn für das, was andere tun? Am Anfang steht doch das Interesse für das, was außerhalb des Gewohnten lebt. Man stelle sich einmal die Fragen: Weiß ich Bescheid über die jüdischen Feste im Jahr? Kenne ich die Gebräuche des Islam? Was weiß ich von den Bedingungen der Waldorfschulen in Neuseeland? Wie sind die klimatischen Verhältnisse in Israel im Jahreskreislauf? Solche Fragen führen auf einen Weg echter Forschung aus dem Interesse, aus der Frage heraus. Das ist nicht bloß Darstellung meines eigenen Standpunktes, sondern ich interessiere mich für das Ganze der Erde. Aus dem Interesse für das andere und den anderen finden wir auch, wie wir den Unterricht je nach den Schülern differenzieren müssen, je nach den kulturellen, geographischen und klimatischen Bedingungen. Das führt uns zu einem echten kosmopolitischen Bewußtsein. Auf der einen Seite erleben wir die mächtige Wirkungskraft des aufsteigenden Tieres in den verschiedensten Erscheinungen unserer Zeit als Fundamentalismus in jeder Form und als Gruppenegoismus und auf der anderen Seite als die bürgerliche Haltung des Ich-kann-mich-nicht-Verändern, alles ist gleichgültig. Beides will die Kraft der Mitte auslöschen. Die geistige Wirklichkeit unserer Zeit, die sich hinter dem sinnenfälligen Vorhang abspielt, der Kampf Michaels mit dem Drachen, das Tier, das aus dem Abgrund aufsteigt, und gleichzeitig die neue Wirksamkeit Christi in dem Bereich, der unmittelbar an die Sinneswelt angrenzt, das muß zusammengesehen werden. In einem Gespräch äußerte Rudolf Steiner: «Ehe denn der ätherische Christus von den Menschen in der richtigen Weise erfaßt werden kann, muß die Menschheit erst fertig werden mit der Begegnung des Tieres, das 1933 aufsteigt.»[3] Wie wir wissen, muß 1998, also in diesem Jahr, mit der größten Machtentfaltung des Tieres gerechnet werden.

Wenden wir uns von diesem großen Aspekt wieder unserer konkreten Aufgabe als Waldorfpädagogen zu, dann finden wir uns täglich in diesen

---

[3] Rudolf Steiner, *Vorträge und Kurse über christlich-religiöses Wirken, V. Apokalypse und Priesterwirken,* GA 346, Dornach 1995, Vortrag vom 20. September 1924.

Kampf um die Menschenmitte gestellt. Die Waldorfpädagogik, die ganze Anthroposophie ist diesem Mitte-Wesen verpflichtet. Wie finden wir die Mitte zwischen Einatmen und Ausatmen? Zwischen Schlafen und Wachen? Zwischen Blut- und Nervenprozessen? Wie wirken Vorgeburtliches und Nachtodliches zusammen? Ganz konkret spricht Rudolf Steiner im 13. Vortrag der «Allgemeinen Menschenkunde» diese Mitte-Aufgabe an: «Wir müssen die Arbeit nach außen vergeistigen; wir müssen die Arbeit nach innen, die intellektuelle Arbeit, durchbluten»[4], das eine also mit dem anderen verbinden. Durchbluten der geistigen Arbeit, mit Sinn erfüllen die leibliche Arbeit, das heißt, Kopf und Gliedmaßen der menschlichen Mitte zuzuführen. Und nun müssen wir uns konkret und nüchtern fragen: Wie weit sind wir in unserer Schulbewegung in bezug auf diesen Impuls gekommen? Und genauso wie in einer individuellen Schicksalsbetrachtung muß auch hier der Grundsatz gelten: Gewordenes können wir nur akzeptieren. Wir müssen unser Schicksal annehmen, aber aus der vollen Annahme heraus neue Impulse entwickeln.

Nun stelle ich einfach einige Fragen, die jeder in seiner Weise beantworten kann.

Das Gegenteil von durchbluteter geistiger Arbeit ist gewiß jede Form von staatlichen Examina als Abschluß der Schulzeit. Was für eine Rolle spielen solche Examina in unseren Schulen? Eine weitere Frage, die sich daran anschließt: Betreffen diese Examina nur die Schüler, die diese bestehen wollen, oder wirken sie in die ganze Oberstufe, ja in die ganze Schulgemeinschaft? Wird die Oberstufe den verschiedensten Begabungen und Berufsrichtungen gerecht oder ist sie ein besseres Gymnasium, das auch für die weniger «normalen» Kinder eine Alternative bietet? Haben wir es ein für allemal akzeptiert, daß staatliche Behörden überhaupt einen solchen Unsinn von einer entmündigten Eltern- und Lehrerschaft verlangen können? Setzen wir noch genug Kräfte für ein freies Bildungswesen ein?

Eine weitere Frage: Das Beispiel, das Rudolf Steiner in dem zitierten Vortrag für eine sinnvolle Bewegung, eine mit Sinn erfüllte Bewegung gibt, ist die Eurythmie. Wie lebt diese wunderbare Kunst, die mit den

---

4 Rudolf Steiner, *Allgemeine Menschenkunde als Grundlage der Pädagogik*, GA 293, Dornach [9]1992, Vortrag vom 4. September 1919.

ätherischen Auftriebskräften arbeitet, an unseren Schulen? Wie lebt sie als selbstverständliches Kunstfach? Und wie lebt sie im therapeutischen Bereich als Heileurythmie? Und in Anbetracht der heutigen Bewegungsarmut und dem Sinnesverlust: Wie lebt die Bothmer-Gymnastik? Welchen Stellenwert hat das Handwerk, der Handarbeitsunterricht, der Gartenbau, die Landwirtschaft? Das ist natürlich nicht nur fachspezifisch gemeint, also: Es braucht mehr Werkunterricht, mehr Gartenbau, mehr Handarbeit, mehr Eurythmie und so weiter, sondern als Gesinnungsfrage: Lebt in jedem Fach der Impuls Naturbegegnung, Erfahrung durch die Sinne, durch die Bewegung, durch die Hände? Sonst haben wir nur Parteien und Interessenvertretungen in den Konferenzen, die beklagen, daß gerade ihr Fach zuwenig anerkannt sei.

Wenn wir an das Geburtsfenster denken, drängt sich als weitere Frage auf: Wie lebt das Bewußtsein von den Aufgaben im ersten Jahrsiebt in den Schulen? Wir wissen: Was in den ersten drei Jahren passiert, ist lebensentscheidend. Der Schutz der ersten Jahre bestimmt über unsere Zukunft. Wie antworten wir als Waldorfschulen im Ganzen auf die Tatsache, daß unsere Umgebung völlig zur Bewegungsarmut tendiert: vom Autositz zur Schulbank und von der Schulbank wieder zum Autositz. Wie gehen wir mit der Tatsache um, daß die sozialen Umstände heute so sind, daß die Schule sehr oft das Elternhaus ersetzen muß. Weiter: Sind unsere Oberstufen ein Abbild der modernen Welt in dem Sinne, daß die Schülerinnen und Schüler gerne sich mit dieser Welt verbinden und in sie gestaltend eingreifen wollen? Haben sie wirklich ein gültiges Bild der Wirtschaft, der Technik, der heutigen Arbeitswelt? Oder haben sie nicht alle doch ein bißchen Angst vor dem Wind, der nachher bläst?

Als letztes möchte ich die Frage stellen: Was ist aus dem Impuls der Dreigliederung des sozialen Organismus geworden, aus dem die Waldorfschule einstmals hervorgegangen ist? Da müssen wir neben all dem Großartigen, was die Waldorfschulbewegung in ihrer Geschichte hervorgebracht hat, uns doch eingestehen, daß sie hauptsächlich von dem gehobenen Bürgertum getragen wird – man kann wohl sagen: mit ganz wenigen Ausnahmen weltweit. In den ehemaligen Ostblockländern, wo die neugegründeten Waldorfschulen noch in einem ganz engen Zusammenhang mit den Staatsschulen stehen, zu einem großen Teil völlig integriert sind, ist diese Frage noch wenig relevant. Die Entwicklung ist dort noch völlig offen. Sonst aber kann man doch sagen, daß es im wesentlichen gut situierte Bürger sind, die es meist auch gerne sehen, daß ihr Kind später einmal die Examina macht, die ihm den Weg zu den höheren Berufen öffnen. Wo sind die Asylbewerberkinder? Wo sind die Arbeiterkinder? Wo sind alle diejenigen, die in den Slums der Großstädte wohnen? Die gehen doch mit wenigen Ausnahmen nicht in die Waldorfschulen.

Nun sollen uns aber diese Fragen nicht noch mehr an Bleigewichte anhängen – nicht das Gewordene, sondern das Werdende in uns soll durch diese Fragen angesprochen werden. Wir können entweder feststellen: zuwenig Eurythmie, zuwenig Handwerk, zuwenig Gartenbau, zuwenig Wirtschaft, zuwenig aktuell, zuwenig Arbeiterkinder, die Examina zu wichtig – es ist hoffnungslos und lähmt uns noch mehr. Oder aber wir können sagen: Die Waldorfschule ist ein Feld voller Initiativmöglichkeiten: Einrichtungen, wie diejenige der Favela Monte Azul in São Paulo, die Schulen in Alexandra und Soweto bei Johannesburg, die Capetown-Townships, die Aktivitäten im ehemaligen Jugoslawien und so weiter beruhen alle auf Initiativen, die dem Idealismus weniger, oft eines einzigen Menschen zu verdanken sind. Aus den Zukunftskräften zu wirken, heißt immer Vertrauen haben in die Keimkraft des Menschengeistes und die Hilfe der geistigen Welt. Nicht die lähmende Frage, wie können wir das alles leisten, was müßte man denn alles tun, sondern die Haltung muß uns bestimmen: Die Waldorfschule ist ein Aufgabenfeld für individuelle Initiative, nicht bloß bestehende Institution.

Wer sich wirklich selber Aufgaben setzt, wird weniger müde. Geistig produktive Menschen verlieren sich weder in endlosen Strukturproblemen noch klagen sie über zuviel Arbeit. Das führt zur Frage, die sich jeder einzelne stellen kann: Was habe ich mir denn persönlich vorgenommen? Welche Anliegen möchte ich verwirklichen? Ein Kollege sagte mir einmal: «Forschungsvorhaben kann ich erst durchführen in meiner zweiten Klassenführung. Beim ersten Klassenzug habe ich so viel zu tun, es kommt so viel Neues auf mich zu, daß ich keine Zeit mehr habe für eigene Forschungsanliegen.» Ich antwortete ihm darauf: «Dann wirst du vielleicht überhaupt nicht mehr zu einer zweiten Führung kommen.» Nur dann nämlich, wenn wir keine Anwendungspädagogik betreiben, sondern aus unseren tieferen schöpferischen Quellen mit den

Kindern zusammen anthroposophische Pädagogik zu verwirklichen versuchen, nur dann kommen wir an die lebendigen Regenerationskräfte, die uns frisch und jung erhalten.

Ausgangspunkt und Stimulanz sind die vielen Fragen, die sich uns aus dem Unterricht stellen und die wir zu kleinen individuellen Forschungsvorhaben bündeln können. Wie wirkt das, wenn ich es so mache? Wie reagiert dieses Kind darauf, wie jenes? Welche Wirkung hat es, wenn ich diese Farbe oder jene wähle? Meine Tätigkeit als Lehrer lebt von meinen individuellen Zielsetzungen, die mein Interesse erfüllen. Solche Fragen können sich auf den Stoff, auf die Zeitgestaltung, auf pädagogische Maßnahmen, auf das einzelne Kind oder die ganze Klasse beziehen. Entscheidend ist nur immer, daß man sich mit mindestens einer dieser Fragen aktiv beschäftigt. Man wird selber die Technik finden müssen, um abzuspüren, welche Fragen nun gerade dran sind.

Das gleiche gilt für den ganzen Schulorganismus. Es ist außerordentlich fruchtbar, wenn sich ein Kollegium bewußt bestimmte Fragestellungen und Zielsetzungen vornimmt. Wenn man Bauvorhaben hat, ist eine solche pädagogische Fragestellung ganz besonders wichtig, damit die Schule erneuerungsfähig bleibt. Wo nur noch verwaltet und ausgeführt wird, ist man am Ende. Waldorfpädagogik und Anthroposophie als ihre Grundlage sind nicht einfach vorhanden, sind nicht einfach gegeben oder zeigen bloß äußerlich an, was zu tun sei, sondern sie leben nur, wenn sie durch Menschen in der Gegenwart aus der geistigen Aktivität immer neu entstehen. Aus einer solchen Gesinnung heraus werden wir sowohl als Individuen, als Schulgemeinschaften und als ganze Schulbewegung mit Zuversicht in die Zukunft blicken können, weil wir erfahren, daß, sobald wir den ersten Schritt hin zur Pädagogik der Mitte tun, uns etwas entgegenkommt, das uns Kraft und Mut gibt. Wir spüren, daß wir nicht allein sind. Wir begegnen den geistigen Mittekräften.

Im roten Fenster im Goetheanumbau ist es im Westen die Gestalt Michaels mit dem Drachen, und im Osten müssen wir uns die Holzgruppe des Menschheitsrepräsentanten (Abb. S. 119) vorstellen. Rudolf Steiner hat diese Gestalt so dargestellt, daß sie ganz aus den Kräften des Gleichgewichtes lebt, selber diese Kräfte repräsentiert zwischen dem Wesen der Verhärtung und dem Wesen der Auflösung. Der Menschheitsrepräsentant schreitet. Er ist auf einem Weg, in Bewegung. In der mächtigen diagona-

«Der Menschheitsrepräsentant». Holzplastik von Rudolf Steiner

len Gebärde der Arme gleicht er zwischen Oben und Unten aus: Er senkt sein Haupt, nicht Hochmut und Macht, sondern reine Liebe ausdrückend. Sein Antlitz hat «ein Auge, das lebt und nur Mitleid strahlt, einen Mund, der nicht geeignet ist zu essen, sondern nur zum Sprechen jener Wahrheitsworte, die das auf des Menschen Zunge liegende Gewissen sind».[5]

Wir lernen die Gesetze von Reinkarnation und Karma zunächst kennen, indem wir den einzelnen Menschen betrachten, dann erweitern wir den Schicksalsgedanken auf eine ganze Gemeinschaft. Jede einzelne unserer Schulgemeinschaften auf der ganzen Welt hat ihr eigenes Karma. Dann können wir auf das Schicksal einer ganzen Schulbewegung blicken und schließlich auf das Schicksal einer ganzen Zeit. Dann begegnen wir dem guten Geist unserer Zeit, dann begegnen wir Michael. Eine noch umfassendere Schicksalsbetrachtung führt uns schließlich zur ganzen Menschheitsentwicklung, und hier begegnen wir dem Menschheitsrepräsentanten, der durch sein Erdenwirken Vorbild für die ganze zukünftige Entwicklung ist. Jede Menschenentwicklung braucht das Vorbild. Wir finden es in der Erziehungskunst, wir finden es beim Kind, das auf das Vorbild schaut, auf das Modell, an dem es sich aufrichten, sprechen und denken lernen kann, das Vorbild in der Gestalt des Lehrers als Autorität und schließlich das Vorbild der geistigen Ideale, zu denen man hinaufschaut und die man durch die eigene Kraft zu verwirklichen sucht. So blicken wir auf den zukünftigen Menschen als Vorbild der ganzen Evolution, als den reinsten Repräsentanten des Menschenseins, den Schutzgeist der ganzen Menschheit ungeachtet von Volk, Hautfarbe und Geschlecht. Was für einen Namen man diesem Geist gibt, darauf kommt es nicht an.

Das Schicksal und die Zukunft unserer Schulbewegung, so möchte ich meine Ausführungen zusammenfassen und abschließen, hängt von zwei Bedingungen ab. Die erste ist die geistige Aktivität, Waldorfschule jeden Tag neu zu begründen aus den geistigen Grundlagen der Mitte heraus. Die zweite Bedingung ist die im Schulorganismus waltende Menschenliebe. Und Menschenliebe ist nichts anderes als die Liebe zum sich Entwickelnden, zum Werdenden, zum Künftigen.

---

[5] Rudolf Steiner, *Erfahrungen des Übersinnlichen. Die drei Wege der Seele zu Christus*, GA 143, Dornach ^{4}1994, Vortrag vom 8. Mai 1912.